PROCÈS

INTENTÉ

A UN JUGE AUDITEUR,

POUR AVOIR RETENU LE SABRE

D'UN GENDARME,

SUIVI

D'UN ARRÊT DE COUR SOUVERAINE PRONONÇANT SUSPENSION DE CE
MAGISTRAT, ET SOUMIS A L'APPROBATION DE MONSEIGNEUR
LE GARDE-DES-SCEAUX.

> *Nihil est tam exitiosum civitatibus, nihil*
> *tam contrarium juri et legibus, quam com-*
> *posita et constituta republica, quidquam*
> *agi per vim.*
>
> Cicéron, *de Leg.*

SE VEND AU PROFIT DES PRISONNIERS.

PARIS.

PAUL LEDOUX, BOULEVARD DES ITALIENS N° 19,
DELAUNAY, PALAIS-ROYAL.

MARSEILLE.

CAMOIN, PLACE-ROYALE,
ET LES PRINCIPAUX LIBRAIRES.

1828.

PROCÈS

INTENTÉ

A UN JUGE AUDITEUR.

IMPRIMÉ CHEZ PAUL RENOUARD,
rue Garencière, n° 5.

PROCÈS

INTENTÉ

A UN JUGE AUDITEUR,

POUR AVOIR RETENU LE SABRE

D'UN GENDARME,

SUIVI

D'UN ARRÊT DE COUR SOUVERAINE PRONONÇANT SUSPENSION DE CE
MAGISTRAT, ET SOUMIS A L'APPROBATION DE MONSEIGNEUR
LE GARDE-DES-SCEAUX.

> *Nihil est tàm exitiosum civitatibus, nihil
> tàm contrarium juri et legibus, quàm, com-
> positâ et constitutâ republicâ ; quicquam
> agi per vim.*
>
> CICÉRON, *de Leg*

SE VEND AU PROFIT DES PRISONNIERS.

PARIS.

PAUL LEDOUX, BOULEVARD DES ITALIENS Nº 19,

DELAUNAY, PALAIS-ROYAL.

MARSEILLE.

CAMOIN, PLACE-ROYALE.

ET LES PRINCIPAUX LIBRAIRES.

1828.

AVIS ESSENTIEL.

Je crois devoir publier ce qui a rapport à mon procès : mon projet de défense avec ses longueurs et ses fautes, suites inévitables du trouble dans lequel je vis, et de la hâte avec laquelle il a été fait, les lettres que j'ai adressées à la chancellerie, et qu'on y a désapprouvées ; tout enfin ce qui est à ma charge, jusqu'à la décision qui a été prononcée contre moi. C'est moins une défense qu'un exposé de ce que j'ai dit, fait et laissé faire, et d'une partie de ce qui a été dit, fait et même inventé contre moi.

S'il est un moyen plus loyal, plus sage et plus sûr d'arriver à la vérité, je desirerais qu'on me le fît connaître.

Bien des gens qui ont blâmé ma conduite ne seraient pas à même de me donner un conseil ; il est aisé de dire que j'ai mal fait, mais il n'est pas toujours facile d'indiquer comment il faut agir pour mieux faire.

Si je traitais avec indifférence ceux qui ont conduit cette affaire, ils diraient que je recule devant eux, comme ils m'ont déjà accusé d'avoir fui devant la Cour. Cependant, qui de nous est le plus avancé aujourd'hui ? Je n'ai point agi jusqu'à présent. Je me suis contenté de laisser faire, et on en est venu à craindre que je ne fasse connaître ce qui a été fait, lorsque je me vois obligé de me défendre.

Je suis encore à me demander où sont les fautes que j'ai commises : j'ai fait mon possible pour empêcher le mal, et, après tant d'efforts infructueux pour empêcher un scandale, ceux-mêmes qui l'ont causé me blâment, généralement sur tout, sans savoir dire précisément sur quoi. On m'a condamné absent, et on trouve mauvais que je demande pourquoi.

J'use du dernier moyen qui me reste, en livrant au public cette affaire qui m'appartient. Je crois que, sans la publicité, il n'y aurait point eu de droit pour moi. Si les personnes qui ont le pouvoir pensent qu'en me défendant j'ai abusé de la liberté de la presse, je saurai bien prouver que je suis dans mon droit.

Qu'on m'attaque !

PROJET DE DÉFENSE.

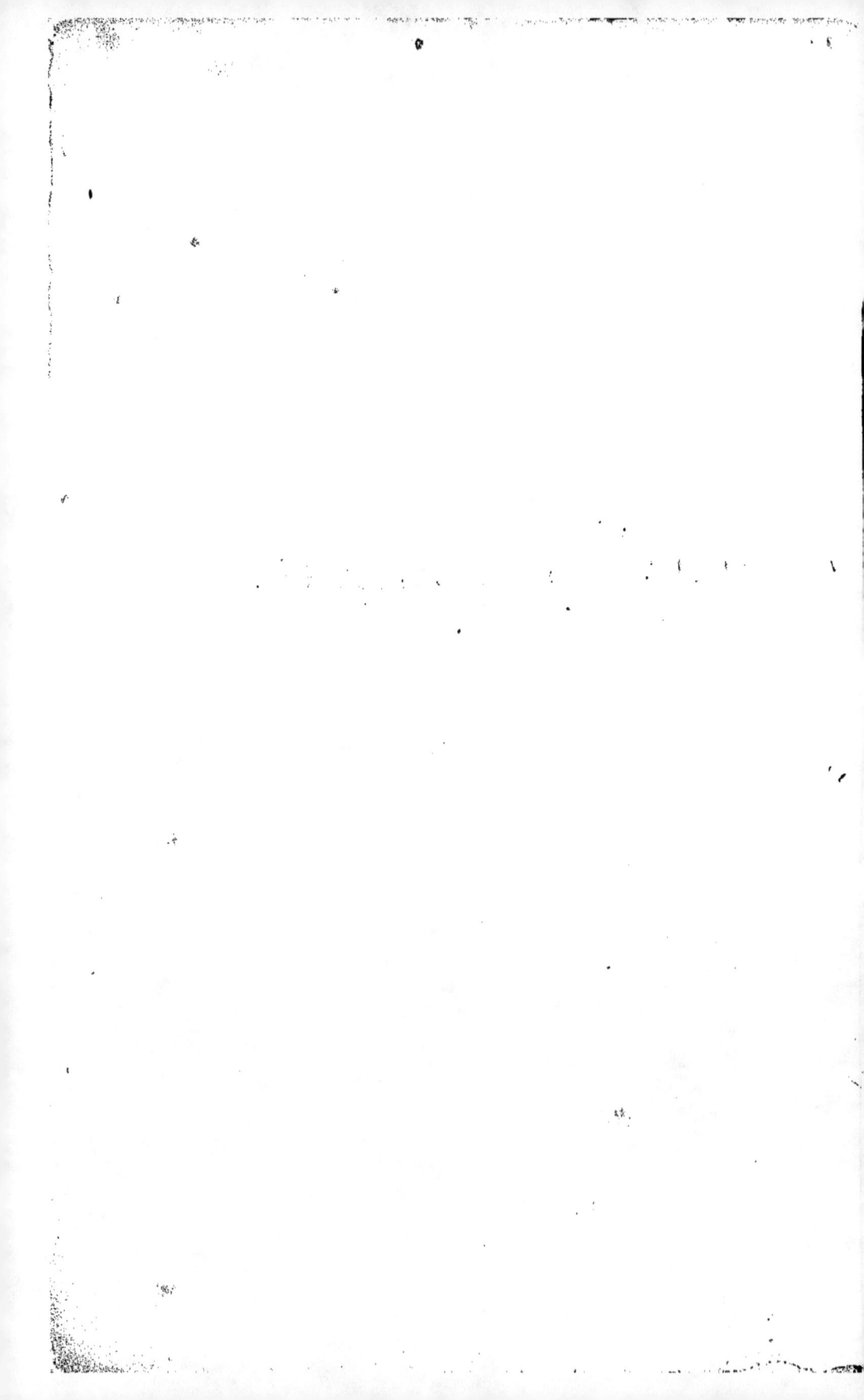

AVANT-PROPOS.

TOUTES les personnes qui s'intéressent à moi, et je puis dire que le nombre en est grand, me demandent toujours ce que c'est que cette affaire. A Marseille on n'en a presque rien dit, et on ne peut se figurer tout ce qu'on a fait de si peu de chose. Je ne puis en parler de sang-froid; elle est longue à raconter. J'ai promis cependant de mettre la vérité au grand jour, c'est pour cela que j'ai fait imprimer ce projet de défense.

Il est toujours bien pénible à un magistrat d'être obligé de se défendre, surtout quand il est contraint, pour se justifier, de mettre des tiers dans la confidence du bien qu'il a pu faire. Les mémoires sur procès se publient toujours pour servir au besoin d'une cause, et je puis croire que si je suis forcé de livrer le mien au public, on ne trouvera pas mauvais que je fasse ce que tout le monde fait. D'ailleurs si je fais connaître ce que j'ai fait de bien, je ferai connaître aussi ce qu'on aura répondu à ma plaidoirie, si elle a été blâmée ou approuvée, l'arrêt enfin qui l'aura suivie, et je mettrai toujours, avec la plus scrupuleuse exactitude, sous les yeux du public, ce qui aura été dit contre moi.

J'ai empêché un gendarme de donner un coup de sabre, voilà le fait : il n'y a là, que je sache, rien qui puisse mériter ni éloge ni blâme, et tous les hommes présens à cette scène ont fait ce que j'ai fait. Les suites de cette petite affaire sont devenues sérieuses pour moi seul, parce que j'appartiens à la magistrature ; et si personne autre n'a été poursuivi pour ce fait, je veux qu'il n'y ait personne au monde qui se fût conduit avec plus de délicatesse dans les procédés que moi pour sortir d'un si mauvais pas. Cependant je me trouve sous le poids d'une accusation grave. Si les faits énoncés dans la plainte que M. le procureur général a portée contre moi étaient avérés, cette affaire, de purement disciplinaire qu'elle est, deviendrait infiniment plus sérieuse.

Il est donc de la plus grande importance que je me justifie pleinement sur tous les points qui sont contenus dans cette plainte, car il en est qui, s'ils étaient justifiés dans le sens de l'accusation, me mettraient dans le cas d'être traduit devant la Cour d'assises avec les rebelles : il faut que, d'une manière ou d'autre, justice soit faite.

Si la loi met M. le procureur général à l'abri de toute poursuite judiciaire, quand même le réquisitoire lancé contre moi serait reconnu injurieux, calomnieux et diffamatoire, il ne faut pas croire que toutes les allégations que contient sa plainte doivent rester sans réponse, selon la marche qu'on voudra essayer de donner à cette affaire. Si j'étais menacé de voir retirer un réquisitoire qui contient des faits qui ont pu ternir un instant ma réputation aux yeux de qui que ce puisse être, il faudrait toujours que la vérité fût connue de tous ceux qui ont eu connaissance de ce qui a été dit, fait et inventé contre moi.

Les choses ne peuvent donc rester *in statu quo*, car si l'on retirait le réquisitoire sans qu'il y eût moyen de faire connaître ma justification, je me trouverais exactement dans la position d'un homme qui, traîné en justice par un faquin qui lui aurait donné un soufflet, se verrait dans la nécessité d'en passer par la décision d'un mauvais plaisant qui lui dirait : « Monsieur avoue qu'il vous a « donné un soufflet, vous dites que vous l'avez reçu, « vous êtes tous deux d'accord. » Le procès est fini.

Je sais que, quelle que soit l'issue de cette affaire, il ne pourra rien résulter d'avantageux pour moi, décidé d'abandonner ma carrière. Je reste à l'âge de vingt-sept ans, pour ainsi dire, sans état; car il s'agit d'en commencer un autre; mais je suis sûr au moins d'avoir toujours fait mon devoir; et si dans cette occasion ma conduite venait à nuire à mon bien-être futur, elle sera peut-être encore de quelque secours pour le bien public.

Quelles que soient les manœuvres qu'on emploie, je trouverai toujours moyen de me justifier. M. le premier avocat général Dufaur m'a fait l'affront le plus sanglant qu'on puisse faire à un magistrat; il m'accuse d'avoir été complice d'une rébellion. Je ne reculerai pas, quelque grands que puissent être les dangers que j'aie à courir dans ma défense : je sais que si M. le procureur général avait le pouvoir de son côté, j'ai pour moi la raison et la justice, et avec cela l'homme de bien doit toujours être ferme et résolu dans sa détermination.

Je sais que j'attaque un parti puissant, quand on veut combattre la force par la raison. On peut se voir exposé à la logique des coups d'épée; mais si l'on vient m'attaquer avec d'autres armes que celles de mon état, je me garderai bien d'accepter la partie, étant sûr de succomber sous le nombre; car il serait plus aisé à mes adversaires de trouver des gendarmes que de bonnes raisons.

Ce travail que je n'ai livré à l'impression que parce que c'est le dernier moyen de faire connaître la vérité, ne sera publié que si je trouvais de nouvelles entraves pour la mettre au grand jour. Mais si je me trouve absolument dans la nécessité de faire usage de cette dernière arme, on verra que je tiens ma parole, puisque j'ai promis que tous *les moyens légaux seraient employés pour tâcher de faire punir les coupables quels qu'ils soient.*

Ma défense fera connaître où sont les personnes punissables, à ceux qui auront la patience de la lire jusqu'au bout.

Voyez avant la plaidoirie la note (19) page 63.

PROJET
DE DÉFENSE.

MESSIEURS,

Nous avions annoncé dans un journal *que, lorsque la justice instruisait, les passions devaient se taire et la confiance renaître; que la vérité serait mise au jour, et que les rebelles seraient punis tout comme les gendarmes ou moi, si quelqu'un était reconnu coupable.* La procédure est instruite pour la rébellion : elle sera jugée; nous parlerons des gendarmes quand il en sera temps : quant à nous, le moment est venu.

Loin d'avoir à nous plaindre de nous trouver devant la Cour, pour rendre compte de notre conduite, nous devons nous féliciter de paraître devant des hommes éclairés, pour exposer tout ce que nous avons fait, convenir de quelques torts qu'on nous a reprochés, et nous défendre avec fermeté sur les points où nous croyons notre conduite irréprochable : dans le cours de notre plaidoirie, jamais nous n'oublierons le caractère sacré dont nous sommes revêtu, et si quelques-unes de nos expressions venaient à déplaire, nous compterions sur l'indulgence de ceux qui doivent sentir combien notre tâche est difficile.

Fort de la bonté de notre cause, nous nous présentons avec cette confiance que donne toujours une bonne action ; et, quand même nous trouverions au lieu de juges des accusateurs, nous serions encore calme, parce que du moins l'honneur est sauf dans cette cause ; quelle que soit en effet votre décision, notre conscience ne nous reprochant rien, nous serons toujours sans regret.

Tous les moyens légaux seront employés pour faire connaître la vérité, et si nous usons dans l'intérêt de notre défense des derniers que les lois nous accordent, ce ne sera qu'en rendant grâces au monarque bienfaisant qui veut affermir et mettre en harmonie avec le pacte fondamental une législation faussée par le despotisme que les Bourbons ont renversé. Ce ne sera qu'en montrant que nous aussi nous sommes digne de la confiance que la loi accorde à tous les Français en leur permettant d'énoncer hautement et de faire connaître leur opinion.

Mais nous n'userons de ce dernier moyen que comme un droit que la nécessité aura changé en devoir ; car nous sommes obligé de défendre et de faire respecter en nous les titres de Français et de magistrat que nous nous glorifions d'avoir toujours été digne de porter.

A peine sorti des bancs de l'école, j'eus l'insigne honneur d'être appelé par le choix de S. M. à rendre la justice en son nom.

Ayant consacré pendant quatre années tous mes soins à remplir cet auguste devoir, si j'ai dû, dans plus d'une occasion, montrer une indépendance inhérente au caractère dont j'étais revêtu, je n'ai pas été arrêté par les désagrémens sans nombre que j'ai eu à surmonter.

Depuis long-temps j'avais dû renoncer à tout avancement : le sacrifice était fait. Mais qui nous aurait dit que ce serait à notre zèle, à notre amour pour la justice qu'une Cour royale devrait adresser des remontrances, et cela lorsque notre conscience ne nous reproche rien : telle est pourtant notre position, et on a été jusqu'à dire que quelque pénible et délicate qu'elle soit, la Cour avait consenti à recevoir des ordres de S. G. pour user envers nous de la plus grande sévérité. Les personnes qui ont répandu ce bruit injurieux ont été même jusqu'à dire que nous ne pourrions parvenir à faire entendre notre défense ; mais l'attention que la Cour daigne nous accorder fait tomber ces calomnies sur ceux qui les ont inventées. Ce ne sera certainement pas au moment où, décidé à quitter notre carrière, nous sommes obligé de tâcher de justifier le bien que nous croyons avoir fait, que, pour la première fois, la Cour aurait interdit le droit sacré de la défense.

Nous disons, Messieurs, que nous allons quitter notre carrière, et bien des motifs justifieront notre conduite ; d'ailleurs, quels scrupules ne peuvent-ils pas s'élever dans notre conscience sur la légalité des fonctions que nous avons remplies jusqu'à ce jour, alors

1.

qu'un des agens les plus honorables du ministère public près la Cour suprême a proclamé l'illégalité et même l'inconstitutionnalité de l'institution dont nous faisons partie? que cette doctrine a été implicitement consacrée par un arrêt de cette Cour, et que dans ce moment un jugement, auquel j'ai participé et à raison de cette participation même, est déféré à la censure de cette Cour régulatrice.

Mais quand même elle imprimerait à nos jugemens un caractère légal, quand même la cour d'Aix penserait qu'un magistrat peut impunément se rendre coupable d'un acte d'humanité, il faudrait toujours abandonner cette carrière : notre parole est engagée : un père, une mère en pleurs à la mort d'un de leurs enfans, nous ont fait promettre de la quitter, rien ne pourra nous empêcher de tenir notre parole.

(1) A la même époque que M. le premier président, et, comme lui, nous avons eu la douleur de perdre un frère; mais si la France entière ne dépose pas sur sa tombe une couronne d'immortelles comme sur celle du défenseur du roi, du moins nous pouvons dire qu'à une époque désastreuse il donna des preuves de courage et de fermeté auxquelles il est toujours permis de porter envie.

Lorsque le génie du despotisme remit un pied ennemi sur le sol de la France pour s'emparer d'un trône qu'il avait abdiqué, il n'y eut que deux officiers de l'ancienne armée qui dans la fidèle Marseille refusèrent de lui prêter serment (2). Frédéric Lombardon en était un; et, puisqu'il nous est permis de

jeter quelques fleurs sur une tombe si chère, il ne sera
peut-être pas étranger à notre cause de montrer ce
même frère, à la fin du siècle des cent jours, au
moment où une populace ardente chassait des murs
de Marseille une garnison qu'elle regardait comme
ennemie pour reprendre la première le drapeau que
nous avions quittés les derniers. Il ne sera peut-être
pas inutile à notre cause de le montrer résistant à la
force armée qui, dans un moment d'effervescence,
allait commettre deux meurtres de plus pour se venger des mauvais traitemens de la milice impériale. Ce
fut Frédéric Lombardon qui, au moment où le
commandant d'un détachement disait : *feu sur l'officier et sur son chasseur*, se précipita devant les armes
apprêtées, et sauva la vie à M. de Lilleroi et à son
domestique par une contenance ferme dans le moment où, menacé lui-même, il répondait aux agens
de la force que ce serait un assassinat de plus.

Si ce mouvement d'humanité qui porte à prévenir
un meurtre est un crime, c'est un crime de famille,
pourquoi faut-il que, par un autre rapport de nos destinées, le plus noble dévoûment, la fidélité la plus
éprouvée lors de cette désastreuse et cependant si
glorieuse campagne de l'armée d'Angoulême, n'ait
pu le justifier de quelques propos inconsidérés et ne
l'ait pas sauvé d'une remontrance. (3)

Il n'est plus, Messieurs, ce frère que nous n'avons
bien connu qu'après sa mort; il n'est plus, mais les
bonnes actions restent; soutien désormais de ma famille, je me consacrerai à son bonheur, je satisferai

aux vœux de mon père, mais je ne rentrerai dans la vie privée que pleinement justifié et conservant la conscience du bien que j'ai voulu faire et de celui que j'ai fait.

Trop heureux de rencontrer une de ces époques où il est permis de penser comme on sent, et de parler comme on pense.

Rara temporum felicitate ubi sentire quæ velis et quæ sentias dicere licet.   TACITE.

L'affaire est grave, Messieurs, le scandale est grand, nous en convenons : un juge est traîné devant vous : il s'agit d'un magistrat et de gendarmes : le magistrat est compromis. Nous avons dit que, disposé à convenir des torts que nous pouvons avoir, et, passant condamnation sur ceux mêmes qui ont été blâmés par le plus petit nombre, nous n'entreprendrons notre justification que sur quelques faits présentés par M. le procureur général comme pouvant compromettre notre caractère de magistrat.

Mais, avant d'aborder notre cause, nous allons commencer par avouer que notre absence, irrégulière par sa précipitation, doit nécessairement nous attirer une réprimande que nous sommes prêt à recevoir. Nous avons obéi aux ordres d'un père. Nous avions écrit, à ce sujet, à M. le procureur du roi, notre chef immédiat, espérant qu'il (4) s'empresserait de

nous épargner un tort de plus : car notre absence,
quoi qu'on en puisse dire (5), ne pouvait porter le
moindre préjudice au service. Nous sommes ici pour
convenir de ce tort, ainsi que du grief que la Cour a
noté, pour la signature qui n'a pas été apposée à un
jugement qu'on n'a pas voulu nous faire parvenir pour
le signer (6). Tout cela a été causé par l'obéissance que
je devais à mon père, puisque, dans cette circonstance, je pouvais remplir mon devoir de fils et mes
devoirs d'homme public. Mon départ pour la capitale me donnait du temps pour préparer ma défense
et les moyens de recevoir de bons conseils. Cependant mon père et moi avions compté que mes chefs
régulariseraient mon absence; ils avaient le droit de
le refuser, ils en ont usé : la Cour a celui de nous
censurer sur ce point; nous sommes ici pour nous
soumettre à ses remontrances. Nous observerons
seulement que, sûr de ne pouvoir obtenir un nouveau
délai pour préparer notre plaidoirie si on refusait de
régulariser notre absence, nous avons mieux aimé
nous exposer à l'inconvénient de recevoir une réprimande sur ce point qu'à celui de paraître devant la
Cour avec une défense mal préparée, des deux in-
convéniens nous avons choisi le moindre. Mais venons à la plainte de M. le procureur général.

Cette plainte, Messieurs, est la seconde, depuis que
le tribunal de Marseille existe, que M. le procureur
général ait adressée contre un magistrat de cette
grande cité.

Il y a quelques années un procès-verbal fut rédigé encore par des gendarmes contre notre estimable collègue M. Floret, substitut du procureur du roi. Ce magistrat, digne d'être pris pour modèle par sa probité, sa sagesse et des talens fut, comme nous, poursuivi par le même M. Dufaur pour un prétendu délit de chasse. Il fut mandé par-devant la Cour pour rendre compte de sa conduite. La Cour à l'unanimité décida que M. Floret était dans son droit, et malgré toute la sévérité de M. Dufaur qui plaida et répliqua dans cette affaire, la loi étant reconnue claire et précise, M. Floret fut renvoyé de la plainte à l'unanimité sans avoir encouru la moindre marque de désapprobation.

Cet exemple, Messieurs, nous paraît d'un heureux augure. La plainte de M. Dufaur contre nous ne nous paraît pas plus fondée que celle qu'il dressa contre M. Floret : il suffira peut-être de vous en donner connaissance pour le démontrer.

A M. le premier président de la Cour royale d'Aix.

« Le procureur général du roi près la même Cour, expose ce qui suit : « Le 24 mars dernier, une rébellion à la force armée eut lieu à Marseille; quelques gendarmes venaient d'arrêter un militaire, ils passaient sur le Cours. Des femmes en grand nombre voulurent enlever le militaire des mains de la gendarmerie. Il y eut un attroupement, voies de fait contre les gendarmes; l'un d'eux, attaqué plus vivement que les autres, fut

obligé de tirer son sabre dont il ne fit aucun usage. (a)
Cependant le militaire arrêté parvient à s'évader.
Cette rébellion a donné lieu à des poursuites de la
part du ministère public. Un arrêt de la Cour, chambre d'accusation, rendu le 26 avril dernier, a renvoyé
à la prochaine session d'assises *quatre femmes* accusées d'avoir attaqué avec violence et voies de fait;
TROIS GENDARMES agissant pour l'exécution des
lois et des ordonnances de l'autorité publique, de
leur avoir résisté avec violence et voies de fait, et
néanmoins sans armes; desquelles attaques et violence, il est résulté des contusions et maladie pour
deux gendarmes. Ce crime sera jugé.

«Mais il y a eu à déplorer dans ce désordre l'intervention d'un magistrat.

«M. Lombardon, juge auditeur, attaché au tribunal
civil de Marseille, que le hasard avait conduit dans
un lieu qui se trouvait être le théâtre d'une scène publique et tumultueuse entre la multitude et la gendarmerie, s'est oublié jusqu'à devenir un des *acteurs
animés de cette scène* (b). Ce premier oubli des convenances était seul sérieusement répréhensible, mais
M. Lombardon a singulièrement aggravé ce premier
tort: tandis que la force publique, agissant pour l'exécution des lois, doit trouver de la protection et de
l'appui de la part des magistrats, on a vu M. Lom-

(a) On ne dit pas qui l'en a empêché; c'était pourtant bien essentiel.

(b) Quelle sorte d'animosité peut-on me reprocher? Il fallait le
spécifier.

bardon, au milieu d'une foule irritée contre les gendarmes, *encourager en quelque sorte la mutinerie et
la résistance (c)* de la multitude, et reprocher hautement
aux gendarmes leur intervention dont il ne pouvait
même connaître le motif. D'un autre côté, M. Lombardon, tantôt sur les lieux mêmes de la scène, tantôt
à l'hôtel-de-ville, où il aurait suivi les femmes qui
furent arrêtées pour le crime de rébellion, a proclamé
un système (d) d'inertie de la force publique, qui, s'il
était exécuté, laisserait les lois sans exécution possible. M. Lombardon citait, dans sa funeste préoccu-
pation, la poursuite qui avait lieu devant la Cour
royale de Paris. Il doit connaître à présent l'arrêt de
cette Cour qui a consacré les droits de la force publique, et il doit savoir que les efforts des magistrats
doivent protéger son action avec autant de soin, qu'ils
doivent en mettre pour défendre les citoyens contre
toute atteinte illégale.

« Enfin, M. Lombardon, en cherchant à se justifier
par une sorte de compte rendu de sa conduite (e) of-
fert au public par l'insertion de *deux lettres* dans un
journal imprimé à Marseille, a profité de cette triste
occasion pour appeler sur lui l'attention, ce qui ajoute
un nouveau tort à ceux qu'on pouvait lui reprocher
déjà.

« Une telle conduite de la part d'un magistrat est

(c) Mais en quelle sorte ? Il faut tout spécifier dans une plainte.

(d) Pourquoi ne sacrifie-t-on pas ce système ? quel est-il ?

(e) Il fallait dire quelle phrase de ces lettres rend compte de ma
conduite.

aussi affligeante que dangereuse. On est forcé de reconnaître, avec regret, que M. Lombardon a compromis, sous plusieurs rapports, la dignité de son caractère. C'est surtout pour des fautes et des manquemens de cette nature, que l'intervention disciplinaire des Cours peut avoir un heureux effet, en montrant aux magistrats la ligne des devoirs et des convenances dont ils ne doivent jamais s'écarter.

« En conséquence, et vu les articles 49, 50, 54, 55 et suivans de la loi du 20 avril 1810,

« Le procureur général, soussigné, requiert qu'il plaise à M. le premier président fixer le jour où, sur la citation qui sera notifiée à M. Lombardon, à la requête et diligence de l'exposant, ledit M. Lombardon comparaîtra devant la Cour royale, les chambres assemblées, en chambre du conseil, à l'effet qu'il soit requis contre lui, et prononcé par la Cour les peines de discipline qu'il appartiendra.

Fait à Aix, au parquet de la Cour, le 12 mai 1828.

« En l'absence du procureur général, le premier avocat général,

« *Signé* Dufaur.

(Citation pour le 23 mai courant.)

L'huissier a mis : « Laissé copie, etc., etc., à la personne de monsieur son père, qui a déclaré que monsieur son fils était absent. » (7)

Notre défense se divisera en deux parties :

1° Ce qui s'est passé dans la journée du 24 mars dernier ;

2° Ce qui s'est passé après cette journée : voilà la division de la plaidoirie que nous allons prononcer devant vous.

PREMIÈRE PARTIE.

Nous aurions désiré que M. le procureur général dans la plainte qu'il a portée contre nous, eût davantage précisé les faits; il nous fait bien des reproches; mais nous voudrions savoir ce qui nous a rendu si répréhensible à ses yeux.

Il nous est arrivé, à nous aussi, de porter des plaintes contre des officiers ministériels ou des avocats. Nos poursuites ont toujours eu l'effet auquel dès l'origine nous devions nous attendre. Si dans une circonstance nous avons dû faire des réserves contre un notaire respectable (8), parce qu'on prétendait qu'il y avait fraude dans un acte qu'il avait rédigé, nous avons eu soin de faire remarquer que c'était pour mettre la vérité au grand jour, et pour qu'un soupçon ne planât point sur la tête d'un honnête homme : cet officier ministériel rendit justice à ma manière de procéder; il vit une occasion de se justifier dans ce réquisitoire auquel d'autres formes auraient pu donner le caractère d'une outrageante prévention. Nous avions pourtant bien précisé les faits, et ils étaient d'une nature bien grave.

Nous avions aussi précisé les faits, lorsque nous fîmes des réquisitions contre le plus ancien des avocats du barreau de Marseille, et si nous avons obtenu contre lui une censure sévère de la part des juges, et l'impression et affiche du jugement, nous avons eu la satisfaction de trouver nos premiers approbateurs dans le barreau même de Marseille.

Nous avons bien regretté de ne pas reconnaître le même esprit dans la plainte qui est portée contre nous. Toute la Cour connaît le talent du magistrat qui l'a signée. Etonné de reconnaître que nous avons mis plus de réserve que lui dans des circonstances moins délicates, nous sommes obligé de regarder comme hostile dans son ensemble un écrit qui néanmoins va servir à notre justification.

Les faits de la cause, la Cour les connaît certainement mieux que nous. D'accord sur presque tous avec le ministère public, nous ne ferions que tirer des mêmes faits des conséquences tout-à-fait contraires à celles de l'accusation (ou prévention : quel est le mot? je n'en sais rien), mais enfin nous dirons accusation, puisque c'est le ministère public qui accuse, et comme son système n'est pas assez établi, nous allons en créer un nous-même en réunissant tout ce qui s'est dit sur cette affaire pour pouvoir y répondre, desirant que le ministère public parle encore après nous.

Cependant, disons-le, puisque nous sommes ici pour dire toute notre pensée, il nous semble que notre tâche eût été plus aisée si nous avions eu la communication des pièces de la procédure dans laquelle nous nous

trouvons impliqué, et la Cour nous aurait certainement jugé avec plus de connaissance de cause, si
l'arrêt que doit prononcer la Cour d'assises sur ce
qui concerne la rébellion avait été rendu. Mais la
chambre des mises en accusation n'a pas voulu qu'il
en fût ainsi (9); elle n'a aucun compte à nous rendre, et il est clair que si elle a prononcé que ces femmes passeraient trois mois de plus en prison avant
d'être jugées, elle devait avoir ses raisons.

Nous allons donc raisonner entièrement dans le système d'une accusation fort sérieuse. Supposons que
ces femmes ont été condamnées et que l'arrêt prononcé
contre elles est de la plus grande sévérité; reconnaissons avec le ministère public, comme nous l'avons
toujours bien reconnu, qu'il est *des circonstances*
dans lesquelles la force publique doit faire usage
de ses armes : établissons pour un instant que dans
cette circonstance les gendarmes n'ont point eu tort,
que l'un d'eux même a bien fait de tirer son sabre
contre des femmes; nous irons même jusqu'à dire
qu'il a mal fait de ne point s'en servir, et que les
deux autres gendarmes sont très répréhensibles de
n'avoir pas frappé, blessé ou tué les femmes rebelles
et les hommes accourus comme moi pour les secourir :
ce système peut se soutenir tout comme un autre, et
un exemple suffira pour montrer qu'il n'a rien d'exa-
géré; une sentinelle a certainement le droit de passer sa baïonnette au travers du corps de celui qui
viole sa consigne : eh bien! Messieurs, qui de vous, à
la vue d'un factionnaire prêt à tuer quelqu'un, ne lui

retiendrait pas le bras? Le magistrat penserait-il alors au *droit*, étant témoin d'un pareil *fait?*

Qu'ai-je fait moi-même? j'ai retenu le bras d'un gendarme écumant de rage qui avait le sabre levé pour frapper, ou ne pas frapper des femmes. M. le procureur général prétend que non : je garantis que j'ai cru que oui, et je suis persuadé que M. Dufaur, s'il se fût trouvé là, eût fait comme moi et comme tout le monde, quoi qu'il en dise dans la plainte qu'il a portée contre nous. Car s'il avait vu ce que nous avons vu, eût-il dû se compromettre, eût-il dû même être censuré, il n'aurait pensé dans ce moment ni à sa dignité ni à la censure pour venir au secours des personnes à qui, dans ce moment, il était permis *d'avoir peur.*

Faire le bien, Messieurs, tel a toujours été notre but, telle sera toujours notre ambition : heureux d'avoir pu quelquefois le faire impunément, nous ne croyons pas que ce soit pour le mal que nous avons fait que nous sommes amené devant vous, puisque nous croyons en avoir empêché un : mais si nous avons à rendre compte de notre conduite, nous le rendrons dans le plus grand détail, espérant que si l'on nous reproche de n'avoir pas fait le bien comme il faut, M. le procureur général nous montrera comment il fallait agir pour mieux faire. En attendant, nous serons toujours persuadé que nous avons fait notre devoir, puisque dans notre état, où l'on punit toujours et ne récompense jamais, empêcher le mal est le seul bien que l'on puisse faire.

Mais nous avons plus fait que cela : nous croyons avoir fait notre devoir, et devoir comme magistrat, et devoir comme citoyen : en effet, nous n'avons qu'à ouvrir notre Code d'instruction criminelle, pour voir combien de dispositions militent en notre faveur. L'article 32 (*a*) de ce Code fait un devoir au procureur du roi de se transporter sur les lieux pour commencer la procédure dans tous les cas de flagrant délit, lorsque le fait est de nature à emporter peine afflictive ou infamante : les articles 33 et 40 (*b*) lui donnent des pouvoirs immenses pour procéder et s'assurer des coupables.

(*a*) Art. 32. Dans tous les cas de flagrant délit, lorsque le fait sera de nature à entraîner une peine afflictive ou infamante, le procureur du roi se transportera sur le lieu, sans aucun retard, pour y dresser les procès-verbaux nécessaires à l'effet de constater le corps du délit, son état, l'état des lieux, et pour recevoir les déclarations des personnes qui auraient été présentes, ou qui auraient des renseignemens à donner.

Le procureur du roi donnera avis de son transport au juge d'instruction, sans être toutefois tenu de l'attendre pour procéder, ainsi qu'il est dit au présent chapitre.

(*b*) Art. 40. Le procureur du roi, audit cas de flagrant délit, et lorsque le fait sera de nature à entraîner peine afflictive ou infamante, fera saisir les prévenus présens contre lesquels il existerait des indices graves.

Si le prévenu n'est pas présent, le procureur du roi rendra une ordonnance à l'effet de le faire comparaître ; cette ordonnance s'appelle *mandat d'amener*.

La dénonciation seule ne constitue pas une présomption suffisante pour décerner cette ordonnance contre un individu ayant domicile.

Le procureur du roi interrogera sur-le-champ le prévenu amené devant lui.

L'article 25 (c) dans ce cas, lui donne le pouvoir de requérir la force armée pour lui prêter main forte; et, d'après l'article 51 (d) quel que soit l'officier de police judiciaire qui ait commencé la poursuite, soit qu'il appartienne à l'administration, soit qu'il appartienne à la gendarmerie, le procureur du roi, disons-nous, ou son représentant, a toujours le droit, d'après l'article 51, de commencer l'instruction, de la poursuivre même, si elle est déjà commencée, et de donner, s'il le juge convenable, la permission à l'officier de police judiciaire qui l'a commencée de la continuer, à moins que ce ne soit M. le juge d'instruction.

Vous savez mieux que moi, Messieurs, que, d'après les articles 9 et 26 du même Code (e), le substitut le

(c) Art. 25. Les procureurs du roi et tous autres officiers de police judiciaire auront, dans l'exercice de leurs fonctions, le droit de requérir directement la force publique.

(d) Art. 51. Dans les cas de concurrence entre les procureurs du roi et les officiers de police énoncés aux articles précédens, le procureur du roi fera les actes attribués à la police judiciaire : s'il a été prévenu, il pourra continuer la procédure, ou autoriser l'officier qui l'aura commencée à la suivre.

(e) Art. 9. La police judiciaire sera exercée sous l'autorité des Cours royales, et suivant les distinctions qui vont être établies.

Par les gardes champêtres et les gardes forestiers.

Par les commissaires de police.

Par les maires et les adjoints du maire.

Par les procureurs du roi et leurs substituts.

Par les juges-de-paix.

Par les officiers de gendarmerie.

Par les commissaires généraux de police.

Et par les juges d'instruction.

Art. 26 Le procureur du Roi sera, en cas d'empêchement, remplacé plus ancien, et à défaut de tout substitut, un magistrat commis par le président pour en remplir les fonctions, doit remplacer le procureur du roi, et que, là où le procureur du roi n'est pas, le magistrat attaché au service du parquet, qu'il soit en *accedit*, à l'audience ou ailleurs, doit être appelé, reconnu et obéi comme le procureur du roi lui-même.

Telle était, Messieurs, notre position : juge auditeur, spécialement affecté au service du parquet d'après la disposition des chambres, délégué spécialement par le tribunal pour remplir les fonctions du substitut dont la place était vacante, touchant même ses appointemens, il est incontestable que nous avions tous les droits possibles d'intervenir comme officier de police judiciaire, et que la loi nous en faisait un devoir (puisqu'il s'agissait tellement d'une peine afflictive ou infamante que la chambre d'accusation a renvoyé les femmes devant la Cour d'assises, comme prévenues de crime de rébellion) : nous devions intervenir dans ce cas, et quand bien même nous n'aurions pas été magistrat, l'article 106 (*f*) du Code d'instruction criminelle nous obligeait de faire ce que

par son substitut, ou, s'il a plusieurs substituts, par le plus ancien. S'il n'a pas de substitut, il sera remplacé par un juge commis à cet effet par le président.

(*f*) Art. 106. Tout dépositaire de la force publique, et même toute personne, sera tenu de saisir le prévenu surpris en flagrant délit, ou poursuivi, soit par la clameur publique, soit dans les cas assimilés au flagrant délit, et de le conduire devant le procureur du roi, sans qu'il soit besoin de mandat d'amener, si le crime ou délit emporte peine afflictive ou infamante.

nous avons fait, c'est-à-dire d'intervenir pour rétablir l'ordre.

Mais nous ne savions pas, Messieurs, ce qui s'était passé auparavant : la vue d'un sabre nu entre les mains d'un homme furieux et retenu par des femmes nous a seule fait accourir comme tous les hommes qui se trouvaient sur le lieu de la scène : je me doutais si peu qu'il y eût une rébellion, que je crus que ce gendarme qui n'était plus à lui voulait donner un coup de sabre à un de ses camarades, puisque ces femmes semblaient vouloir le séparer d'eux. Oui, Messieurs, j'ai retenu le bras du gendarme ; je l'ai retenu au moment où il était levé sur des femmes que ce gendarme allait frapper ; j'ai su ce que je faisais dans le moment, si je ne savais pas ce qui avait précédé, il n'y a qu'à lire le procès-verbal de la gendarmerie pour voir que cet homme avait bien l'intention de frapper, et, quoi qu'on en puisse dire, frapper avec une arme aussi dangereuse est toujours un crime que le magistrat, comme tout bon citoyen, doit empêcher s'il le peut, sous peine d'être lui-même répréhensible et même punissable d'après la loi.

Il est bien des personnes qui disent que je n'aurais pas dû me mêler dans ce désordre, et que j'aurais beaucoup mieux fait de passer mon chemin. Il est clair que, si je n'avais pas fait ce que j'ai fait, on ne me reprocherait point ce qu'on me reproche ; il n'y avait rien de bon à gagner au milieu de ce tumulte, j'aurais pu recevoir quelque coup de sabre ; j'aurais pu aussi éviter tous les désagrémens que j'ai éprouvés depuis ;

2.

il n'y avait pour cela qu'à passer inaperçu, laissant faire le mal de peur de me compromettre en tâchant de l'empêcher. Mais il y a dans notre Code pénal un art. 475 qui rend passibles d'une amende :

« Ceux qui, le pouvant, auront refusé ou négligé
« de faire les travaux, le service ou de prêter le se-
« cours dont ils auront été requis dans les circon-
« stances d'accident, TUMULTE, naufrage, inonda-
« tion, incendie ou autres calamités, ainsi que dans
« les cas de brigandages, pillage, *flagrant délit, cla-*
« *meur publique,* etc. »

Telles sont les dispositions du n° 12 de cet article qui est, ce me semble, on ne peut plus clair, et qui qualifie bien de délit punissable la conduite de quiconque, *le pouvant, aurait refusé ou négligé de faire* ce que j'ai fait.

La loi me faisait un devoir et une obligation de faire ce que M. Dufaur appelle *un manquement sérieusement répréhensible*, et ce serait une chose assez singulière que de voir ce magistrat poursuivi, admonété et puni lui-même comme ayant commis un *délit*, parce qu'on aurait su qu'en pareille circonstance, il aurait mieux aimé laisser violer la loi que de compromettre sa dignité magistrale dans un *tumulte* où la loi lui faisait un devoir *d'intervenir.*

Telle était notre position dans le moment où nous sommes arrivé; la gendarmerie, au lieu d'agir, comme l'a dit M. le procureur général, pour l'exécution des lois, les violait ouvertement : elle méritait une réprimande, peut-être même une punition. Si nous étions arrivé un moment plus tard, que le coup eût été porté et que le gendarme Dufresnoy eût pu échapper à cette multitude exaspérée, il aurait fallu l'arrêter pour qu'un coupable n'échappât point aux poursuites de la justice. C'est en tirant le sabre qu'il a causé toute l'émeute ; sans sabre tiré, il n'y aurait peut-être point eu de crime à juger ni de magistrat compromis, mais bien une simple rébellion à réprimer par des peines correctionnelles, et c'est peut-être ce que fera la Cour d'assises dans quelques mois d'ici.

M. le procureur général prétend que nous avons *encouragé la mutinerie* et tenu des propos qui auraient tendu *à rendre l'exécution des lois impossible*. Nous pourrions repousser ces assertions par une fin de non-recevoir, fondée sur ce que ces propos ne sont point spécifiés dans les griefs de la plainte ; mais nous ne craignons pas d'aborder cette question, et nous demanderons à notre tour à M. le procureur général quels sont ces propos ? Quelle est la manière dont nous avons encouragé une rébellion qui diminue à notre arrivée et cesse tout d'un coup au moment où un inspecteur de police, sans armes, se présente ? Nous n'avons fait autre chose que retenir le bras, nous débattre avec le gendarme ; nous n'avons dit autre chose, dans le moment de l'émeute, que ces mots : *Mettez votre sabre dans le fourreau ; faites attention que ce sont des femmes ; un sabre n'est une arme défensive que contre une autre arme.* Nous avons dit ces paroles, nous les avons peut-être répétées plusieurs fois en criant au milieu de l'émeute pour pouvoir être entendu (10), et si nous avons été injurié par le gendarme comme les autres personnes accourues, nous ne nous en sommes pas plaint. Il est vrai que l'inspecteur de police a dit aux gendarmes de respecter M. l'auditeur : et voilà comme nous n'avons pu faire le bien sans être connu. Mais il est vrai aussi qu'après l'émeute un second gendarme ayant insulté (11) grièvement une femme qu'il faisait arrêter, la rumeur recommença ; c'est alors que nous avons dit à l'inspecteur de police, Etienne, *de veiller sur le gendarme qui avait, sans nécessité, tiré son sabre contre des femmes, pour qu'il fût puni très sévèrement.* Cet acte de fermeté, émané d'un pouvoir qui venait d'être reconnu, fit renaître le calme de suite. Voilà ce qui s'est passé sur le Cours.

Mais, comme le dit M. le procureur général, nous ne pouvions *connaître le motif de l'intervention de la force armée*, et c'est ce que nous avons voulu apprendre en nous transportant à l'hôtel-de-ville, où nous savions que les gendarmes s'étaient rendus. C'était aussi pour adresser une réprimande à celui qui avait si grossièrement outragé une femme ; c'était pour faire punir celui qui avait tiré son sabre, et savoir s'il l'avait réellement tiré mal-à-propos. C'est à l'hôtel-de-ville que nous leur avons adressé une remontrance ; et que nous leur avons dit, après avoir entendu leurs explications, qu'il ne fallait pas que, parce que d'autres personnes étaient punissables, ils se rendissent eux-mêmes répréhensibles par une conduite peu mesurée. J'ai reconnu sur leurs vêtemens les traces des violences qu'on avait exercées sur leurs personnes, et, enchanté de les trouver excusables, je me suis contenté d'ajouter qu'ils fussent plus circonspects, et surtout plutôt dans ce moment que dans tout autre, eu égard à l'instruction qui se poursuivait à Paris, et dans laquelle des gendarmes se trouvaient compromis.

Je ne vois pas que j'aie proclamé, comme on me le reproche tant dans la plainte, ni à l'hôtel-de-ville, ni ailleurs, *un système d'inertie de la force publique qui laisserait les lois sans exécution possible.* Plus tard nous nous expliquerons sur les discours qu'on aurait voulu me faire tenir.

Mais, ce dont nous avons le plus lieu de nous étonner, c'est que M. le procureur général nous fasse un reproche d'avoir cité la poursuite qui se faisait devant la Cour royale de Paris. Ce que nous avons dit n'était dicté que par l'intérêt que nous portions à un corps respectable, qui, se trouvant gravement compromis dans la capitale, se trouvait presque dans le même instant répréhensible à Marseille.

En vérité, nous ne comprenons pas la conduite des personnes qui, soutenant les gendarmes mal-à-propos, veulent les réhabiliter dans l'opinion publique; mais nous avons lieu d'être fort étonné qu'un magistrat vienne nous faire un reproche d'avoir cité la conduite honorable de la première Cour souveraine de France dont *l'arrêt n'était point rendu,* alors que lui-même, qui le *connaît à présent,* s'appuie de cette

autorité pour charger un magistrat qui recomman-
dait à des gendarmes d'être prudens.

« Oui, Messieurs, je connais les droits de la force
publique, je les connaissais *avant l'arrêt* ; je savais
que les gendarmes peuvent être poursuivis et punis
quand ils sont reconnus coupables : l'arrêt de la
Cour royale de Paris, *que je connais à présent
aussi bien* que M. Dufaur, le dit d'une manière bien
explicite ; mais je ne *savais pas* qu'un magistrat pût
être poursuivi pour avoir dit que dans ce moment la
force publique devait être circonspecte : *je le sais
à présent*, et, quoi qu'en dise M. le procureur général,
ce n'est pas l'arrêt de la Cour de Paris qui me l'a
appris.

« Cependant, quoi qu'on en puisse dire, les gendarmes avaient écouté nos remontrances avec respect ;
ils paraissaient même, lorsque nous les avons quittés,
disposés à profiter des avis qui ne leur avaient été
donnés que dans leur propre intérêt.

« Mais M. le procureur général nous a fait le reproche vraiment grave et on ne peut pas plus grave
*d'avoir encouragé la mutinerie et la résistance de la
multitude* : Qu'il prenne garde, il s'agit d'un magistrat.
Nous déclarons formellement que le désordre a dimi-
nué à notre arrivée ; qu'il cessait lorsque nous avons
forcé le gendarme de rengaîner son arme, et que, lorsque
l'inspecteur de police arriva, de désordre il n'y en avait
plus. Nous désirerions donc que M. le procureur
général eût spécifié *de quelle sorte* nous avons
encouragé la mutinerie et la résistance ; qu'il nous eût

fait connaître le témoin qui aurait affirmé devant la justice que notre présence a excité à la révolte. Nous ne pouvons croire que ce soit une allégation du ministère public, puisqu'il est impossible de donner à ces assertions la moindre vraisemblance ; mais le scandale d'une pareille accusation est grand ; il faut donc qu'on nous fasse connaître le coupable, et nous faisons le défi le plus formel à qui que ce puisse être de prouver qu'après notre arrivée, il se soit passé un seul fait qui ait pu offrir même un prétexte à des poursuites. Nous voulons connaître l'auteur de cette calomnie ; nous voulons connaître sa déposition, soit comme témoin, soit comme agent de l'autorité : certes nous sommes en droit de le demander ; nous voulons savoir au moins à présent ce qui a été dit, puisqu'on a refusé constamment de nous communiquer les pièces ; nous voulons savoir dans quel lieu, quand et comment nous avons *encouragé la mutinerie et la résistance de la multitude;* si le fait peut être prouvé, nous sommes complice du crime de rébellion ; nous sommes coupable d'une forfaiture comme magistrat, et voulons connaître le témoin qui peut avoir fait une pareille déposition pour le confondre et le faire condamner comme calomniateur.

Nous ne savons ce qu'on peut répondre à cela, mais, quelle que soit l'issue de ce procès, le scandale sera toujours grand sur ce point, il sera peut-être plus grand encore que ce qu'il est dans ce moment.

Mais, dit M. le procureur général, vous avez été un *acteur animé de cette scène; ce premier oubli des con-*

venancés est seul sérieusement répréhensible. Il y a à déplorer dans ce désordre l'intervention d'un magistrat.

Je ne sache pas, Messieurs, comment on peut être de sang-froid en se débattant avec un agent de la force dont on retenait l'arme au moment où il écumait de rage, il aurait fallu être de marbre : mais quel que soit notre zèle, quelque emporté qu'on puisse le supposer, ne devons-nous pas nous estimer heureux d'avoir oublié notre dignité, si cette dignité devait nous faire oublier que nous étions homme? Non, la qualité d'homme n'est point anéantie par la dignité du magistrat, qui ne fait que donner une force nouvelle à tout ce que l'humanité inspire de plus noble et de plus généreux.

Non, l'intervention d'un magistrat dans un désordre n'est jamais quelque chose à *déplorer.*

Ce qu'il y a *à déplorer,* c'est cette peur de la vérité. Ce qu'il y a *à déplorer,* c'est cette crainte de la justice. Ce qu'il y a *à déplorer,* c'est que l'autorité judiciaire soit toujours écartée comme suspecte quand l'autorité administrative agit. Ce qu'il y a *à déplorer,* c'est que lorsque la justice tâche de s'éclairer, l'administration l'entrave de toutes les manières. Ce qu'il y a *à déplorer,* c'est de voir des magistrats vouloir dépouiller d'autres magistrats de leurs plus belles comme de leurs plus inviolables prérogatives, en les mettant au-dessous de la qualité d'homme. Non, notre zèle pour le bien public ne sera jamais qualifié de DÉPLORABLE. Non, l'intervention d'un magistrat dans un désordre ne sera jamais *à déplorer*; et dans les journées du 19 et 20 novembre il n'y aurait point eu de sang répandu si un Mathieu Molé avait eu les sceaux de la France. N'avilissons donc point notre robe par des poursuites hostiles de magistrat contre magistrat à propos de gendarmes, lorsqu'un ministre du roi dit en pleine tribune que ce serait *vilipender un administrateur* que de le traîner devant les tribunaux lors même qu'on l'accuse d'avoir trahi la confiance du prince.

Continuons à remplir les devoirs de l'humanité avec zèle, et si, avec un sang-froid inexplicable, on nous reproche d'en trop avoir, péchons plutôt encore de ce côté, car on dirait que dans ce moment les défauts des uns pourraient encore servir de vertus aux autres.

DEUXIÈME PARTIE.

Aprés avoir examiné successivement tout ce qui s'est passé dans la journée du 24 mars, il ne nous reste plus qu'à nous occuper de ce qui s'est fait depuis cette époque : nous ne parlerons donc pas de l'approbation que nous donna notre chef immédiat sur notre conduite, le soir même du jour où est arrivée cette scène. Des personnes qui étaient présentes quand nous lui en avons parlé, et parmi lesquelles se trouve un homme jouissant de la plus haute considération dans

notre ville se rappelleront peut-être que, loin de nous
blâmer, on n'a répondu autre chose que ces mots :
« Voilà de la besogne pour vous ; c'est bien, je vous
donnerai cette affaire-là. »

Mais qu'on juge quelle a été notre surprise lorsque nous avons appris par des bruits répandus dans
le public que ces mêmes gendarmes dont nous avions
fini par être si content à l'hôtel-de-ville avaient
dressé un procès-verbal contre nous ; que sur le vu
de ce procès-verbal, un rapport avait été fait à monseigneur le ministre de l'intérieur et à son excellence le
ministre de la guerre, sur la conduite d'un magistrat.

Ce fut mon père qui m'en instruisit, et quelle que
fût la manière dont il me le certifiait, prétendant le
tenir d'une personne qui avait lu le procès-verbal, je
ne pouvais pas me le persuader parce que quelques
instans auparavant j'avais vu M. le procureur du roi
lui-même, et causé pendant assez long-temps avec
M. le colonel de gendarmerie, ni l'un ni l'autre ne
m'avaient dit un seul mot de cette affaire. Il ne fallut
rien moins que les ordres de mon père pour me faire
aller chez M. le procureur du roi et lui demander de
m'expliquer catégoriquement ce qui en était. Je ne
reçus de ce magistrat qu'une réponse évasive.

« C'est, me dit-il, une affaire désagréable : oui ; il
s'est fait des rapports ; mais faites de votre côté un
narré des faits, pour l'envoyer au ministre : demain
je vous communiquerai tout cela. »

En effet, après avoir fait le 27 mars un rapport
qui fut envoyé à S. G. le garde-des-sceaux de France,

je me rendis au parquet où M. le procureur du roi
me donna connaissance d'un procès-verbal de gendarmerie qui finissait ainsi.

« Le gendarme DUFRESNOY déjà *entraîné loin de ses*
« *camarades*, attaqué, frappé par un foule de personnes
« et courant les plus grands dangers, s'est trouvé
« forcé de sortir son sabre ; et c'était dans ce mo-
» ment, en présence de ce peuple rassemblé, que
« M. Lombardon, fils, juge auditeur au tribunal de
« Marseille, s'adressant au gendarme DUFRESNOY,
« qui ne le connaissait pas, lui dit : que la gendar-
« merie n'a pas le droit de tirer le sabre, ni de faire
« usage de ses armes *d'aucune manière, ni dans au-*
« *cune circonstance*. Vous êtes répréhensible, a-t-il
« dit, en s'adressant à M. Etienne, inspecteur de po-
« lice, et au nommé Bernard, son agent. Il ordonna
« de veiller sur lui afin qu'il pût être puni.

« M. Lombardon nous ayant suivis à l'hôtel-de-ville,
« où nous avons acompagné l'inspecteur de police,
« qui conduisait la nommée Motty (Brigite) ci-des-
« sus et en présence de M. l'inspecteur de police et de
« quatre agens, il s'adressa de nouveau à nous gen-
« darmes, en disant : oui Messieurs, je vous réitère
« que vous avez eu grand tort de tirer le sabre,
« *quand bien même l'on vous assassinerait* ; ce serait
« un grand malheur pour vous ; vous devez savoir que
« vous ne devez faire usage de vos armes que d'après
« qu'un magistrat a sommé le peuple pendant trois
« fois de se retirer. Je remplis très souvent les fonc-
« tions du ministère public, aussi je suis d'une très

« grande sévérité pour la gendarmerie, lorsqu'elle a
« le moindre tort; et a ajouté encore : voyez la gen-
« darmerie de Paris, elle se fait *détester*, et dans ce
« moment il y a plusieurs gendarmes en jugement
« pour avoir fait usage de leurs armes.

« De tout quoi, etc.

« *Signé* DUFRESNOY, CURE, CHAYLAN. »

Indigné de la mauvaise foi que respirait cet écrit,
je fis part à M. le procureur du roi des contradictions frappantes qui y étaient contenues, et de plusieurs faussetés qui n'y avaient été mises que dans le
desir de nuire: et j'adressai de suite à S. G. un second
rapport conçu en ces termes :

« MONSEIGNEUR,

« Le procès-verbal dressé par la gendarmerie a dû
« être transmis à la chancellerie de France par les
« départemens de la guerre et de l'intérieur : votre
« grandeur examinera les faits qu'il contient, et cer-
« tainement que la vérité lui sera facilement connue.

« Il n'est point vrai que j'aie dit au gendarme Du-
« fresnoy ni à personne que *dans aucun cas, ni dans
« aucune circonstance*, le gendarme n'avait le droit de
« faire usage de ses armes, et si comme ils le prétendent
« eux-mêmes, j'ai parlé des sommations que l'on doit
« faire avant de s'en servir, je dois avoir nécessaire-
« ment reconnu au moins *un cas* dans lequel l'usage
« des armes est autorisé. Je l'ai blâmé seulement da-
« voir fait reluire son arme dans cette circonstance.

« Quant à ce qui s'est passé à l'hôtel-de-ville, le pro-
« cès-verbal prête à un magistrat le discours suivant :
« *Un gendarme a toujours grand tort de tirer son arme*
« *quand même on l'*ASSASSINERAIT. Comment un être,
« je ne dis pas qui connaît les lois, mais qui a l'ombre
« de la raison, pourrait-il tenir un pareil langage ? la
« légitime défense n'est-elle pas de droit naturel ?

Ne si verum dicas saltem verisimilia finge.

« Il est si vrai que j'ai parlé précisément de la légitime
« défense que pour leur faire comprendre que ce n'était
« point ici le cas, j'ai cité l'exemple d'un gendarme qui
« avait tué un homme dans notre ville il y a quelques
« années, et n'avait point été puni, et l'agent de police
« Figuière qui se trouvait là appuya ce que je disais, en
« ajoutant qu'il était présent lorsque l'homme fut tué.
« Voilà donc encore une fausseté. Je n'ai point dit non
« plus que la gendarmerie de Paris se faisait *détester*.
« Votre grandeur jugera les contradictions qui se
« trouvent dans ce rapport qui semble rédigé, non
« contre les rebelles, mais bien contre le magistrat
« qui a certainement prévenu un malheur, puisque
« les gendarmes disent *qu'ils avaient fait des somma-*
« *tions* , et les sommations ne se faisant que dans le
« moment où l'on va faire usage des armes, si je n'a-
« vais pas eu le bonheur d'arrêter le bras du gen-
« darme, il est probable qu'il aurait frappé, et cer-
« tainement que dans ce cas il aurait été écharpé par la
« populace : un moment plus tard, le secours que j'ai
« porté aux femmes menacées, il aurait fallu le porter

« à lui, et alors il aurait couru un si grand danger
« qu'il n'aurait peut-être pas survécu long-temps à son
« imprudence. Non-seulement votre grandeur s'a-
« percevra que la reconnaissance n'a pas dicté le pro-
« cès-verbal ; mais il lui paraîtra étonnant que ce gen-
« darme aujourd'hui même se soit permis de me par-
« ler avec insolence au palais-de-justice, sans même
« vouloir se découvrir, sur l'observation que je lui ai
« faite que son attitude au moins devait marquer le
« respect.

« Vous sentez certainement Monseigneur, com-
« bien il est pénible à un magistrat d'avoir à se jus-
« tifier vis-à-vis d'une soldatesque qui ne connaît
« rien au-dessus d'elle quand elle est soutenue mal-à-
« propos : si un simple brigadier eût fait bien ou mal-
« à-propos une observation, ou infligé une punition à
« ses subalternes ils n'auraient certainement pas dit le
« moindre mot. Mais c'est une autorité civile, une au-
« torité judiciaire qui a parlé ; non-seulement on lui
« résiste, on voudrait encore l'humilier : il n'en sera point
« ainsi, Monseigneur, et dans cette circonstance moins
« encore que dans toute autre. Je suis persuadé que
« votre grandeur ne décidera pas que ce soit le sabre
« qui doive trancher la question. » (12)

Une chose étonnante, Messieurs, c'est qu'il y a des
personnes qui ont cru à tout le contenu de ce procès-
verbal, tandis que la preuve contraire était établie
dans sa propre contexture ; que les propos que les
gendarmes me font tenir, et dont l'absurdité est la
preuve de la plus révoltante fausseté, ont été crus

par des personnes qui, si elles me les avaient entendu dire, auraient cru ou que je plaisantais, ou que j'étais devenu fou. Est-ce à ce propos, qui porte en lui la preuve de sa fausseté, que M. le procureur général attribue ce système d'inertie *de la force publique qui laisserait les lois sans exécution possible?* M. le procureur général, après toutes les explications que nous avons données là-dessus, et les preuves que nous voudrions administrer, persistera-t-il à dire avec les gendarmes, malgré ma dénégation formelle, qu'un magistrat, jouissant de sa raison, est convaincu qu'il faut que les agens de la force publique, à qui la loi donne des armes pour se faire respecter, soient placés au-dessous de la brute qui se défend pour se conserver? Nous ne le pouvons croire.

Mais quoi qu'il en soit, pourquoi sur le rapport dont nous venons de donner lecture, M. le procureur général, à qui nous avons envoyé un double, comme à M. le premier président, tant du second que du premier rapport transmis à sa grandeur, n'a-t-il pas fait des recherches pour découvrir et poursuivre ces faussetés manifestes?

Le gendarme, le jour où il est revêtu pour la première fois de son uniforme, ne prête-t-il pas serment devant le tribunal de remplir bien et fidèlement ses fonctions, et de toujours dire la vérité dans les procès-verbaux qu'il dressera par la suite? Doit-on regarder ce serment comme une vaine formalité? Et lorsqu'une funeste expérience nous prouve qu'il faut habituelle-

3

ment retrancher la moitié des procès-verbaux de gendarmerie pour avoir la vérité, et que la preuve qu'ils
ont menti à la justice est si difficile à trouver, faut-il,
lorsqu'on a des preuves matérielles du parjure, négli-
ger de faire un exemple qui les rende à l'avenir plus
circonspects, eux dont la déposition peut coûter l'honneur et la vie aux citoyens, eux à qui la loi accorde
les pouvoirs immenses attachés au titre d'officiers de
police judiciaire? Ce n'est qu'en les soutenant à propos, les blâmant quelquefois et ne les épargnant jamais quand ils méconnaissent ou trahissent le mandat
que le prince leur a confié, que nous aurons des gendarmes. Nous n'en aurons point si le serment qu'ils
prêtent devant le juge n'est considéré (pardonnez-
moi cette expression) que comme une formalité pour
laquelle on leur fait lever la main droite comme à
l'exercice on les fait partir du pied gauche.

Nous ne nous arrêterons pas à ce manque de respect dans le palais-de-justice que le même gendarme,
qui avait déjà eu les plus grands torts, s'est encore
permis à notre égard et pour lequel nous n'avons pu
obtenir aucune réparation; ce que nous desirions re-
trouver chez les gendarmes, c'est ce qu'on trouve chez
les véritables hommes d'honneur qui savent, sans s'humilier, reconnaître leurs torts. Nous aurions desiré que
les chefs de cette milice d'élite nous eussent satisfait
en nous montrant que tout militaire français peut
s'égarer un instant, mais qu'il n'est jamais sourd à la
voix du véritable honneur. (13)

Nous vous avons dit déjà que ce n'était que trois

jours après un rapport fait par l'administrateur le
plus aimé peut-être qu'il y ait en France, que nous
avions su l'importance qu'on avait donnée à cette affaire.

Nous avions desiré être entendu, comme témoin,
par M. le juge d'instruction : toutes nos instances ont
été inutiles; et, en nous disant qu'on desirait nous
épargner ce *désagrément*, et qu'on n'instruisait que
sur ce qui s'était passé sur le Cours, on a négligé
d'entendre la *vérité* de la bouche d'un magistrat
comme si elle pouvait compromettre son caractère.

Plus tard, le bruit a transpiré qu'on avait instruit
sur ce que nous avions dit à l'hôtel-de-ville. Nous aurions pu dire, si nous avions été entendu, que nous
avions vu des traces de violence sur les vêtemens
des gendarmes; que nous les avions crus excusables,
en reconnaissant qu'on leur avait porté des coups,
et nous aurions répété exactement ce que nous
avions dit et ce qu'ils avaient répondu. On n'a pas
voulu nous entendre ; ce ne sont que des gens de la
police qui ont été interrogés ; on nous dit que leur déposition nous charge, et l'on refuse de nous communiquer les pièces après leur déposition et c'est peut-
être cette déposition qui fait que nous sommes mandé
devant vous.

Mais ce n'est pas tout, Messieurs : pendant qu'on
agissait de cette manière contre nous, de notre côté
nous comblions la mesure des procédés envers nos
adversaires : on sent que toutes ces manœuvres avaient
mis bien des passions en mouvement; le parti

3.

contraire s'était aussi mêlé de cette affaire. Nous apprenons que le principal journal de notre ville va mettre dans sa feuille un éloge pompeux de notre conduite, et de suite nous lui avons adressé une lettre conçue en ces termes :

« Marseille, le 1ᵉʳ avril 1828.

« Monsieur,

« Il s'est passé, dans la journée du 24 mars dernier, sur le Cours, une scène entre trois gendarmes et la populace, donc j'ai été témoin.

«Les bruits qui ont couru ayant totalement dénaturé les faits, il est peut-être nécessaire d'avertir le public que, dans toutes les versions, la vérité a été au moins altérée. J'ai vu avec plaisir que vous n'avez écouté les insinuations d'aucun parti pour en parler dans votre journal; et je vous prie d'insérer dans votre prochain numéro les réflexions que j'ai l'honneur de vous transmettre. Vous obligerez infiniment. votre serviteur.

Ad. Lombardon, *juge-auditeur, remplissant les fonctions de substitut du procureur du roi.*

« La vérité est entièrement dénaturée dans les bruits qui circulent dans le public sur ce qui s'est passé, le 24 mars dernier, sur le Cours de notre ville. On a voulu mettre de l'esprit de parti dans une affaire où il ne devrait y avoir que celui de la justice. Les

propos dénués de sens commun qu'on a voulu me
faire tenir ont été crus par des personnes aveuglées
au point de ne pas distinguer les contradictions les
plus manifestes. D'autres, croyant reconnaître dans
ces bruits l'esprit de ce parti buonapartiste qui voudrait faire marcher la société sur le tranchant du
sabre, ont relevé ces contradictions; et, faisant de
moi un pompeux éloge, ils ont déversé tout le blâme
sur les gendarmes. Cependant, s'ils ont eu tort, l'un
d'avoir tiré son sabre contre des femmes, et l'autre de
les avoir injuriées après l'émeute, ils sont excusables, eu égard aux circonstances graves qui avaient
précédé.

« N'ayant agi que selon ma conscience, je ne mérite
ni éloge ni blâme; je n'ai fait que mon devoir.

« Quant au procès-verbal qu'ont dressé les gendarmes, s'il contient des faussetés..... la justice instruit;
elle marche quelquefois avec lenteur, mais toujours
avec sûreté. La vérité sera mise au grand jour; les
rebelles seront punis, tout comme les gendarmes ou
moi, si nous sommes reconnus coupables.

« *Le respect des lois étant devenu l'esprit public en
France*, j'espère que, dans cette affaire plus que dans
toute autre, les passions cesseront de parler. Toutes
les mesures ont été prises pour découvrir les coupables, *quels qu'ils soient;* tous les moyens légaux
seront employés pour parvenir à ce but.

« La société rassurée verra que la justice aussi est
armée d'un glaive, mais qu'elle ne frappe qu'avec certitude, et lorsque le temps, poussant les choses jus-

qu'à leur dernière conséquence, a découvert, à la lueur de la raison, toute la vérité. »

Ici, Messieurs, notre position devient difficile : cette lettre, trois jours après son apparition, a été blâmée; les machinations sourdes ont recommencé, et huit jours après quand les passions ont été de nouveau remises en mouvement, M. le président nous en a fait des reproches en nous disant qu'il ne fallait pas le consulter pour avoir son approbation si nous étions décidé à ne pas la suivre. La vérité est bien, Messieurs, que nous avons dit à M. Reguis, notre président, que nous avions l'intention d'arrêter un article en notre éloge par cette lettre, mais que nous desirions savoir quels étaient les passages que M. le président aurait voulu supprimer : ce magistrat n'a pas pris connaissance de cet écrit; nous étions décidé à le faire imprimer; nous l'avons fait et nous ne voulions le lui communiquer que parce qu'il avait trouvé mauvais que nous ne lui ayons point fait part de la scène qui s'était passée sur le Cours le 24 mars, dans laquelle, si nous avons figuré comme magistrat, ce n'était qu'en qualité d'officier du ministère public, et que n'ayant été instruit nous-même que par les bruits publics de l'importance qu'on avait donnée à cette affaire, nous savions que M. le président en avait eu connaissance avant nous.

On nous fait un reproche de cette lettre : M. le procureur général dit dans sa plainte que nous rendons un compte de notre conduite au public, eh bien! où est la phrase qui *rend le moindre compte* de notre conduite? A présent nous sommes ici pour *rendre compte* de cette lettre; elle est imprimée; que la Cour la prenne telle qu'elle est dans le journal, et qu'elle juge, je ne crains pas qu'on l'examine dans ses détails ni dans son ensemble, quel est le mot, quelle est la phrase, quel est le paragraphe répréhensible? pourrait-on même me faire une remontrance sur la *tendance* de cet écrit?

Mais où en sommes-nous? ne voit-on pas tous les jours des magistrats, des députés, des pairs, des ministres même écrire dans les journaux? et ce serait pour cette lettre qu'on voudrait rendre un juge-auditeur répréhensible et cela au moment où sa grandeur le garde-des-sceaux de France dit que celui-là qui apposera sa signature au bas d'un journal pour garantir ce qu'il contient exercera une *espèce de magistrature?*

On nous reproche d'avoir mis de l'esprit de parti dans cette lettre: mais où est-il cet esprit de parti? S'il y a un parti qui se soit mêlé de cette affaire, est-ce le parti libéral? Notre lettre a inspiré une telle confiance que les journaux si enclins à crier contre les gendarmes n'en ont point parlé. Est-ce de la confiance que nous avons tâché de leur donner pour la justice dont on voudrait vous faire un crime? Nous avons trouvé le moyen de faire taire les journaux, ce que jusqu'à présent n'a pu faire aucun ministre: nous ne sommes certainement pas plus habiles, il faut donc que notre moyen soit meilleur: nous allons toujours droit à notre but sans nous inquiéter de ce qu'on dit, et nous finissons toujours par être plus fort nous seul contre les plus rusés et les plus habiles; d'ailleurs, puisqu'on parle de partis, quel est le parti qui s'est emparé jusqu'à présent de cette affaire?

Quel est le parti qui a empêché que la justice instruisît quand j'ai annoncé qu'elle devait instruire sur tout?

Quel est le parti qui voudrait nous empêcher de tenir la parole que nous avons donnée de faire connaître la vérité?

Quel est le parti qui jusqu'à présent a mis des entraves et ne veut pas que ces entraves soient levées?

Non : il n'y a de notre côté que le parti de la justice. L'expression n'est peut-être pas exacte : qui dit parti dit passion, me dira-t-on, et la justice ne peut jamais être un parti : j'en conviendrai avec mes adversaires, puisque j'ose espérer que dans dix ans d'ici le mot parti ne sera plus français; mais pour expliquer toute ma pensée, si j'ai dit dans cette lettre parti de la justice, j'ai voulu dire la passion du bien et je ne crois pas qu'on puisse me blâmer après avoir expliqué ma pensée.

D'ailleurs, qui peut se formaliser de cette lettre? les rebelles? je dis qu'ils seront punis et ils se résignent sans rien dire.

L'autorité judiciaire? il suffit de la nommer et tous les papiers publics se taisent.

Les gendarmes? ils sont les seuls disculpés; le dirons-nous, Messieurs, ce sont eux seuls et leur parti (car ils en ont un), qui s'en soient formalisés, parce qu'eux étaient certainement les plus coupables.

Quant à la seconde lettre, Messieurs, nous reconnaissons qu'elle est blâmable; non, Messieurs, un magistrat quand il est exposé aux regards du public ne doit jamais oublier qu'il est un homme public. Le ton de persifflage qui règne dans cet écrit est inconvenant, nous l'avons désavoué avec quelques-uns de nos vrais amis, et nous ne croyons pas nous humilier en reconnaissant cette faute, et ce qui nous a convaincu que nous devions être réellement dans notre tort, bien que des personnes sensées l'aient approuvé, le dirons-nous, Messieurs? c'est que nous n'avons été aucunement blâmé de cette seconde lettre par les personnes qui avaient tant désapprouvé la première; nous disons qu'elle est blâmable, nous allons vous en donner lecture.

« Marseille, le 12 avril 1828.

« MONSIEUR,

« Un estimable négociant de notre ville vient de me donner avis que M. Saint-Hilaire, capitaine retraité et chevalier de la Légion-d'Honneur, vous avait adressé une lettre pleine d'esprit sur la petite affaire du 24 mars dernier.

« Ceux qui me connaissent savent combien j'étais peu disposé à recevoir des éloges pour n'avoir fait ni plus ni moins que ce que tout le monde a fait. Nous avons peut-être empêché quelque malheur, sans nous exposer beaucoup ; et M. Saint-Hilaire, qui doit s'entendre en bravoure, nous a très bien jugé. Mais il est bon que M. le rédacteur apprenne que je suis assez partisan de la bonne plaisanterie, pour trouver extraordinaire qu'il ait refusé d'insérer dans son journal un morceau de littérature aussi piquant que celui dont on m'a parlé.

« On m'a assuré qu'il n'y avait rien qui pût offenser la gendarmerie, puisque M. le capitaine, qui n'est pas gendarme, l'appelle, sans envie, la première arme de France, *et lui donne ainsi qu'à moi des éloges.*

« Et moi aussi, je m'étais plu quelquefois à donner des marques d'estime à ce corps respectable, et je suis prêt à lui en donner encore avec le même plaisir que j'ai eu à le disculper (de crainte qu'on ne le blâmât mal-à-propos) dans la lettre que vous avez insérée dans votre journal.

« J'ai dit que je desirais que les passions se tussent, lorsque la justice instruisait pour mettre la vérité au grand jour ; elle seule doit expliquer les faits, et lorsqu'elle agit la confiance doit renaître.

« Quelles passions voulez-vous que mette en mouvement la lettre dont on m'a parlé ? La justice sera-t-elle entravée ? la vérité sera-t-elle altérée par quelques bons mots ? Ce militaire veut se donner à beaux deniers comptans le plaisir de faire une petite malice ; pourquoi le lui refuser ? Croyez-vous que cela puisse m'offenser ? pas du tout. On prétend que j'y suis comparé à Bonaparte et à Masséna, et puis à d'Aguesseau et à L'Hospital, *Pékins* qu'il doit être fort drôle de voir en si singulière compagnie : cela ne peut que divertir beaucoup.

« Je suis bien persuadé que je ne deviendrai jamais un grand capitaine, mais je puis assurer que j'aspire autant à devenir, au moral, un d'Aguesseau ou un L'Hospital, que ce brave capitaine retraité pourrait desirer d'être fait en réalité un officier de gendarmerie. »

Ce ne sont ni les expressions ni le style que M. le procureur général blâme dans aucune de ces lettres, c'est *une sorte de compte rendu au public.* Pourquoi M. le procureur général *spécifie-t-il* pas en quels termes j'ai rendu compte au public de ma conduite? J'ai dit dans la première lettre que la confiance devait renaître lorsque l'autorité judiciaire agissait, et, dans la seconde, que ce ne seraient pas quelques plaisanteries et quelques bons mots qui empêcheraient de découvrir la vérité. Est-ce là rendre compte de ma conduite? Je demande pardon à M. le procureur général; mais on ne peut découvrir dans tout son réquisitoire la moindre preuve qui donne quelque force aux incriminations qu'il contient, et il en est de la SORTE *de compte rendu dans ces deux lettres* comme de la SORTE *d'encouragement donnée à la résistance* dont nous avons parlé plus haut; et sauf tout le respect que nous lui devons, nous sommes obligé, pour raisonner en bonne logique, de nier la majeure (14) à M. Dufaur, en lui disant: je n'ai encouragé la résistance et la mutinerie *en aucune* SORTE; je n'ai *rendu aucune* SORTE *de compte de ma conduite dans les journaux,* et c'est à vous à prouver que vos assertions sont fondées, *actori incumbit onus probandi.*

Vous connaissez, Messieurs, la lettre de M. Saint-Hilaire (15). Quelque méchanceté qu'ait voulu y mettre cet officier, les plaisanteries qu'elle contient nous ont paru totalement inoffensives, puisqu'elles auraient pu être faites sur la sublime imprudence d'un Mathieu Molé, qu'on accusa dans le temps d'avoir compromis sa dignité comme aujourd'hui on taxe ma conduite d'étourderie. On sait d'ailleurs que quelque spirituelle que soit une parodie, elle ne porte jamais le moindre tort à quelque chose de bon, et c'est ce qui a fait que nous n'y avons pas répondu.

Mais nous avons dit, dans notre lettre, que nous nous étions plu à donner, dans diverses circonstances, des éloges à la gendarmerie : nous saisissons avec empressement cette occasion pour signaler la belle conduite de ce corps respectable dans une journée où un seul homme fit verser bien du sang.

La municipalité de Marseille venait d'affermer à un entrepreneur toutes les immondices que des malheureux, pour gagner leur pain, avaient l'habitude de ramasser dans les rues. Ce travail dégoûtant était assez lucratif, eu égard à la rareté des engrais, et une grande quantité de gens qui sans cela se seraient livrés au moins à la mendicité vivaient de ce métier, n'étant probablement propres à en pouvoir exercer aucun autre.

En apprenant le bail qu'on venait de passer, et dans lequel on avait songé à tous les intérêts, excepté à ceux des travailleurs, pour lesquels il ne se trouve pas un seul article dans le cahier des charges, des malheureux pères de famille se trouvèrent plongés dans le plus affreux désespoir, car l'entreprise, qui avait le monopole de toutes les immondices, faisait travailler à un prix beaucoup plus bas, et recevait une somme considérable de la ville; elle poursuivait comme *voleurs* (16), par-devant le tribunal correctionnel, ceux qui travaillaient gratuitement à nettoyer les rues (qui étaient beaucoup plus propres avant le bail onéreux qu'on avait passé), et qui ne demandaient rien que le prix qu'ils retiraient eux-mêmes en vendant des fumiers dont ils avaient désinfecté la ville.

Un de ces malheureux que toute la société rejette, qui ne peuvent trouver de travail nulle part, qui portent sur eux l'empreinte de l'infamie, un forçat libéré trouvait dans ce travail pénible assez d'occupation pour être distrait du crime, et des bénéfices suffisans pour assouvir des passions qui avaient pu l'enfanter. Cet homme, ne trouvant pas les mêmes bénéfices en travaillant dans l'intérêt du fermier qu'en travaillant pour son propre compte, sentit de nouveau fermenter dans son âme tout le levain du crime. Un conseil se tient parmi les balayeurs, et Charles Long, dit Charlon (c'était le nom du forçat), promet que dans certain nombre de jours les chefs de l'entreprise n'existeront plus.

Le temps n'était point encore venu. Pour quelques modiques affaires, cet homme, que le besoin avait refait scélérat, se transporte au bureau de la régie, et après avoir dit quelques mots à l'un des employés, et bien

que le chef à qui il en voulait le plus ne fût point présent : « *Tiens*, dit-il, j'ai promis que dans trois jours je
« t'assassinerais, tant vaut-il que ce soit fait de suite » (17).
A ce mot, il lui plonge un couteau dans le cœur, blesse
grièvement deux autres employés, et s'évade.

Ce jour-là, nous nous trouvions comme aujourd'hui
attaché au service du parquet en qualité de juge-auditeur. Comme nous ne sommes jamais les derniers où
nous croyons que le devoir nous appelle, nous accom-
pagnâmes M. Reguis, alors procureur du roi, dans
l'*accedit* qui se fit dans cette tragique journée. On
craignait que le bandit ne fût soutenu par d'autres,
et nous dîmes aux gendarmes qui nous accompa-
gnaient pour traquer cette bête féroce qu'il y aurait
peut-être des dangers à courir. Ces braves militaires
furent contens, mais ils n'usèrent pas assez de prudence. Deux agens de police avaient déjà été gravement blessés, un brave gendarme tombe frappé d'un
coup mortel au moment où il voulait s'assurer du coupable. Ce fut dans ce moment que Gavoty, le brave
Gavoty, que nous avons encore le bonheur de pos-
séder à Marseille parmi les gendarmes de la marine,
plus courageux encore que celui qui venait de succomber, se précipita sans armes sur ce brigand furieux, reçut deux coups de couteau en se colletant
avec lui, et ce ne fut qu'au moment où, saisissant la
main qui tenait le fer enfoncé dans sa cuisse et se débattant avec l'ennemi qu'il avait renversé, il criait de
venir à son secours, que les autres gendarmes, usant
avec raison de leurs armes pour sauver leur camarade,

délivrèrent la société d'un monstre qu'elle ne pouvait plus porter dans son sein.

Il fallait une récompense. Gavoty, vraiment homme d'honneur, demandait une marque d'honneur. On lui a donné de l'argent, parce qu'on avait promis de l'argent à celui qui arrêterait le coupable. Si la bravoure doit recevoir des récompenses éclatantes; si, pour le gendarme, le champ d'honneur existe encore en temps de paix, là où il y a de véritables dangers à courir en s'exposant pour le bien public, l'étoile des braves n'aurait-elle pas été aussi bien placée sur le cœur de ce militaire que sur la poitrine d'un financier? Mais peut-être aurait-il fallu mettre sous les yeux du roi les causes de cette belle conduite, et alors il me semble entendre dire à certains administrateurs : *Si le roi sait que nous avons concouru à un contrat si immoral, nous sommes perdus*, tandis que Gavoty disait de son côté : J'aurais une récompense digne de moi *si le roi le savait.*

Nous avons entendu les bénédictions dont accompagnèrent le convoi du brave malheureux les mêmes femmes peut-être qui furent menacées par le sabre de Dufresnoy dont je ne puis pas plus obtenir justice que de ses deux camarades parjures comme lui. Gavoty est sans récompense, les autres sont restés impunis. Nous voudrions que ces mots parvinssent jusqu'aux pieds du roi, de qui émane toute justice et toute faveur, qui aime tant à récompenser et le fait avec tant de grâce; nous ne regretterions aucune des peines et des chagrins que cette affaire nous a donnés, si nous avions pu concourir à cet acte de justice.

Oui, nous voulons une gendarmerie respectée, obéie et *aimée*, alors elle sera toujours forte; mais nous ne devons pas laisser impuni un faux caractérisé, c'est pourquoi nous nous trouvons dans la cruelle nécessité de réclamer contre la fausseté contenue dans le procès-verbal dont nous avons déjà parlé, fausseté qui nous paraît évidente, fausseté qui ne peut qu'exister, parce que nous savons qu'elle existe, fausseté enfin dont nous offrons de donner la preuve manifeste, si l'on veut avoir le moindre égard à la plainte que nous avons fait parvenir à M. le procureur du roi après notre départ de Marseille; mais ce magistrat l'ayant fait parvenir à M. le procureur général, d'après l'article 27 du Code d'instruction criminelle, il a été déclaré, comme tant de fois, n'y avoir lieu à suivre! Je ne sais si je serai obligé d'adresser une pétition à la Chambre, pour qu'on fasse quelque cas de la plainte d'un magistrat, chez qui, après avoir reproché trop de zèle pour le bien public, on suppose de la passion lorsqu'il demande justice pour un parjure qu'il connaît et qu'il est obligé de poursuivre par devoir, car il a juré de faire observer les lois, et que les lois couvrent le parjure d'infamie.

Eh bien! oui, je demanderai toujours justice, surtout lorsqu'ayant refusé de récompenser à propos, on refuse de punir quand un exemple est nécessaire. Je demanderai justice dans l'intérêt même d'un corps d'élite que d'injustes préventions pourraient rendre solidaire des fautes de quelques-uns de ses membres si elles restaient impunies; je demanderai surtout justice lorsqu'avec la marche qu'on semble vouloir suivre en Provence, dans quelque temps on ne trouvera peut-être plus d'anciens militaires qui veuillent aider, seconder et soutenir l'autorité judiciaire en entrant dans la gendarmerie qui serait privée de la considération qui est toujours le premier besoin d'un homme d'honneur.

Qu'on ne vienne donc pas nous juger sur des considérations; qu'on ne dise pas : M. Lombardon, juge-auditeur, est blâmable, parce qu'il semble être en opposition avec la gendarmerie. Il ne s'agit pas de juger ce qui semble, et il s'agit de juger ce qui est; et s'il ne s'agissait pas de me juger, je dirais: Soutenez la magistrature qu'on attaque dans ma personne, évoquez l'affaire des gendarmes comme l'a fait la Cour de Paris, dont on invoque contre moi la jurisprudence sans suivre les bons exemples qu'elle a donnés; je dirais : A Paris on n'a pas pu découvrir les coupables : avec un instant de recherches vous découvrirez le mal et y remédierez; mais il ne m'appartient pas plus à moi de tracer des devoirs à la Cour qu'il ne lui appartient à elle, qui a à rechercher ce qui est, de me condamner sur ce qui n'existe point, par la seule raison qu'une chose a l'air d'être.

Mais puisqu'il faut répondre à tout et revenir en terminant au point capital de la cause, nous dirons qu'il en est de ceux qui soutiennent mal-à-propos la force armée, comme des hommes d'état qui épargnent les mauvais prêtres pour protéger la religion; le dirons-nous ? Messieurs, si, ce qu'on ne doit pas supposer, puisque la chose est jugée, si, disons-nous, Contrafatto était innocent, ce ne serait pas à la perversité du siècle qu'il faudrait attribuer sa condamnation, mais bien à ceux qui, ayant fait extraduire un fripon qui avait volé une comédienne, pour le faire condamner, laissent impuni en pays étranger un atroce scélérat qui, revêtu d'un caractère sacré, pourrait être appelé le Judas du clergé de France, si l'expression était assez forte pour qualifier un prêtre assassin.

Quant à nous, chargés de rendre justice au nom du roi, nous ne soutenons la force que lorsque la force est dans son droit. Si la Cour faisait le contraire, ce serait en quelque sorte céder à la crainte de voir un jour la gendarmerie lui résister à elle comme dans ce moment elle me résiste à moi. Obligé comme vous par devoir de verser la dernière goutte de mon sang avant de commettre la plus petite injustice, si nous cédions aujourd'hui à la force armée, parce que nous en avons besoin, nous en recevrions peut-être des ordres demain, parce qu'étant obligés de rendre à chacun ce qui lui est dû, nous aurions remplacé le bon droit par le droit du plus fort.

Mais pourquoi s'arrêter plus long-temps sur une pareille supposition? Comment pourrait-on croire qu'une Cour souveraine ait consenti à rendre un arrêt qui laissât supposer de la faiblesse et de la crainte chez quelques-uns de ses membres? Comment peut-on supposer qu'elle veuille soutenir le trône de Charles X qui entend de régner par la justice avec les mêmes moyens qui ont renversé Bonaparte, quand il voulut régner par la force. D'ailleurs, il est un oracle de la divinité qui déclare que tous ceux qui prendront le parti du sabre périront par le sabre, *omnes enim qui acceperint gladium gladio peribunt ;* et il est aisé de prouver que ces paroles infaillibles qui disent *tous,* sans exception, s'appliquent également à tout; et il n'y a qu'à ouvrir les yeux pour voir que rien n'a pu résister à une si imposante autorité.

Bonaparte, homme de guerre, s'abandonne à son génie pour anéantir les bonnes lois qui, après l'avoir rendu si puissant, gênaient l'exécution de ses plans désastreux, et il succombe au milieu de la plus étonnante, la plus dévouée et la plus redoutable armée de l'univers, parce qu'il s'était fié à son épée.

L'empire romain dans sa décadence n'existant plus que par la puissance de ses armées, finit par recevoir des souverains de la main du soldat, et s'écroule lorsque la force, tenant lieu de raison, l'épée était devenue la loi.

Et, de nos temps, ne voit-on pas le souverain qui a le droit d'abuser de la vie de ses sujets exposé tous les jours aux poignards despotes de ses sujets mêmes? Dans ces pays malheureux, l'homicide étant devenu habitude, le régicide, regardé toujours comme fatalité, est puni comme une faute ou loué comme un beau trait, selon la réussite de celui qui a eu l'audace de porter le coup. C'est que dans ce pays le sabre est le droit; et que N. S. J.-C. a dit pour *tous* que tous ceux qui se fieront au sabre périront par le sa-

4.

bre, et que le ciel et la terre passeront, tandis que
ses paroles ne passeront point. *Cœlum et terra trans-
ibunt, verba autem mea non præteribunt.*

Serait-ce après de si terribles exemples que des
magistrats qui aiment vraiment le Roi, et qui savent
comme lui que le plus puissant soutient *des trônes est
après la protection divine dans l'exécution des lois,*
abandonneraient la magistrature au pouvoir des-
tructif du sabre? Serait-ce la crainte d'une nouvelle
révolution qui ferait rétablir une des principales
causes de l'ancienne? Non, Messieurs, nous ne pouvons croire que cette doctrine dangereuse, illégale et
subversible de tout ordre établi soit consacrée par
l'arrêt solennel d'une Cour souveraine.

Que reste-t-il, Messieurs, de toute cette affaire?
qu'on a jugée diversement jusqu'à ce jour, parce qu'on
ne la connaissait pas.

Notre plaidoirie est finie : nous avions promis de
dire la vérité, elle est dite, cependant nous n'avons
pas tout dit. Nous n'avons point voulu employer de
récriminations ; ce n'était ici ni le temps ni le lieu.
S'il fallait faire connaître les causes de cet acharnement contre un homme de bien,..... la vérité serait
effrayante ; mais il aurait fallu adresser nos plaintes
plus haut. . . . .

Les vexations, les peines et les chagrins que j'avais
éprouvés dans mon état m'y avaient prodigieusement
attaché ; car, pour remplir son devoir avec fermeté
et indépendance, il faut savoir se faire des ennemis
et quelquefois des ennemis puissans qui ne peuvent

pourtant rien sur la joie d'une bonne conscience. Je vais quitter cette carrière pour des motifs bien graves, mais entre autres, pour pouvoir satisfaire mon père qui aujourd'hui plus que jamais a besoin de tranquillité (18); mais je la quitterai en conservant la dignité qui doit toujours caractériser un magistrat.

Vous allez prononcer votre arrêt; nous montrerons toujours, quelle que soit votre décision, le respect que tout citoyen doit à la chose jugée; mais, dans son exécution, le magistrat sera toujours-là.

Nous croyons que notre conduite sera honorée de votre approbation sur les points capitaux, comme blâmée sur certains autres qui ne paraissent pas d'une bien grande importance pour nous.

Cette absence si irrégulière, ce jugement sans signature, cette lettre d'un style peu convenant, tout cela sont des torts, et pour un homme juste, qui reconnaît qu'il est peccable, il peut y avoir encore quelque satisfaction à s'entendre reprocher, après l'avoir désavoué lui-même, ce qu'il convient n'être point bien.

Mais juge., et juge sans passion, nous comptons sur la sévérité de ceux même qui sont nos amis et dont nous devrions aujourd'hui plus que jamais redouter l'indulgence, si elle n'était pas impossible chez eux quand ils sont revêtus de la toge. Mais nous conserverons encore notre dignité même après votre arrêt, si notre conduite était condamnée sur les points où nous croyons avoir fait notre devoir; oui, Messieurs, quelle que soit votre décision, nous apprendrons en-

core à respecter la chose jugée qui doit toujours passer pour la vérité ; si donc la Cour nous fait une
simple remontrance sur les faits que nous croyons
condamnables, nous retournerons à notre poste nous
asseoir encore huit jours sur les fleurs de lis, avant
d'envoyer notre démission. Si nous étions censuré,
suspendu même de nos fonctions pendant un inter-
valle de temps plus ou moins long, après notre peine
expirée nous remplirons encore nos fonctions pendant
quinze jours ; nous les remplirons pendant un mois,
si l'arrêt nous paraissait compromettre notre dignité ;
mais notre démission serait toujours donnée, et nous
la donnerions de suite, si la Cour prononçait une
absolution à laquelle nous croyons aussi avoir quelques droits.

Ce qu'il y a de bien consolant pour nous, Messieurs,
et ce qui justifie le sentiment que nous pouvons avoir
de la bonté de notre cause, c'est l'opinion flatteuse
qu'ont de notre affaire tous les membres du barreau
de Paris que nous avons consultés ; nous n'avons
cessé de leur répéter qu'il ne s'agissait point d'une
opinion de défenseur, mais bien d'une opinion comme
juges.

Nous étions bien persuadé que nous avions la raison
pour nous ; mais, craignant toujours de nous faire illusion, il était bien doux de ne nous occuper de ce
pénible travail qu'avec l'approbation de plusieurs hommes éclairés qui ont joint le plus noble désintéresse-
ment aux talens distingués qu'on leur connaissait
déjà : nous n'avons jusqu'à présent trouvé que des

personnes de notre avis parmi les gens de lois qui ont
donné quelques instans à notre affaire ; nous avons de
plus l'approbation tacite de tous les jurisconsultes français (19) : nous pouvons donc penser que la Cour, qui
va nous juger et à qui seule appartient le droit de censurer notre conduite, pourra se joindre à cette masse
imposante d'autorités. S'il en était autrement, le temps
qu'aucune puissance humaine ne peut arrêter dans sa
marche, et qui, comme nous l'avons dit naguère,
finit toujours à faire triompher la vérité ; le temps,
disons-nous, décidera qui a le mieux jugé. Nous savons que ce que nous avons dit est vrai : Dieu lui-
même avec toute sa puissance ne peut faire que les
choses soient bien et mal et qu'en même temps elles
soient et ne soient pas, c'est une décision regardée
comme la vérité que la Cour royale va rendre........

Nous attendons avec confiance l'arrêt que vous allez délibérer dans votre sagesse, sûr qu'il sera prononcé avec connaissance de cause, puisque notre plaidoirie a été entendue jusqu'au bout.*

---

* Cette plaidoirie était terminée et livrée à l'impression le jour où
j'allais monter en voiture pour pouvoir arriver à Aix le 23 juin jour
auquel la Cour avait eu la bonté de renvoyer mon affaire sans que
j'aie demandé de renvoi. Mais les fatigues auxquelles je m'étais livré
à Paris pour tâcher de mettre le plus possible la vérité à l'avantage
de mes adversaires, jointes à un travail forcé pour préparer cette
défense, qui a été terminée en cinq jours, m'ayant rendu malade,
M. Fizeau, professeur de médecine à la faculté de Paris, m'a
ordonné de prendre du repos. Un certificat signé de ce docteur a été
envoyé à la Cour royale : je ne sais si elle aura voulu user de
rigueur envers moi. Quoi qu'il en soit, je ferai connaître la déter-

mination qui aura été prise et l'arrêt qui aura été prononcé contre moi, si l'on a voulu me condamner par défaut.

Quand on a un procès, quelque bon qu'il soit, il faut toujours s'attendre à tout; je crois avoir une cause imperdable; mais l'expérience m'a prouvé que lorsqu'on est jugé par des hommes, il ne faut jamais compter sur rien.

3o *juin à une heure après midi.*

J'apprends à l'instant que la Cour royale M'A SUSPENDU PENDANT UN MOIS DE MES FONCTIONS.

On n'a eu nul égard pour le certificat de M. le docteur Fizeau.

Dès que l'arrêt me sera parvenu, QUEL QU'IL SOIT, j'en donnerai connaissance aux personnes auxquelles j'ai transmis ce projet de défense; j'y joindrai des explications, et ferai connaître la détermination que j'aurai prise pour ce qui concerne ma démission.

NOTES.

(1) M. Casimir de Sèze, premier président de la Cour royale d'Aix, frère de M. le comte de Sèze, pair de France, premier président de la Cour de cassation.

(2) Il y a eu de beaux exemples de fermeté donnés dans les 100 jours par la magistrature. On a vu aussi des magistrats faire de bien grands sacrifices et passer sur des considérations bien puissantes pour le plus grand bien des justiciables.

Mais ce ne sont pas ceux qui se sont le mieux conduits à cette époque qui ont été le mieux récompensés. L'on ne peut s'empêcher de regretter qu'un homme qui avait tout sacrifié pour le bien public, et qui le prouva en instruisant une procédure contre un soldat qui avait frappé de son arme les sujets de Louis XVIII, après avoir été sur le point de se voir traîné devant un conseil de guerre par la milice impériale à cause de la fermeté qu'il montra dans cette circonstance aux agens de la force, se soit vu reprocher dernièrement de n'être pas assez *pliant* pour occuper une place de juge.

(3) Mon frère fut mandé par-devant un commissaire de police qui lui fit une remontrance pour avoir manifesté son opinion sur la guerre d'Espagne, à une époque où la monarchie française n'avait certainement pas de grands dangers à courir.

(4) Me trouvant attaché au service du parquet, je me trouvais sous la dépendance de M. le procureur du roi et de M. le procureur général : M. le premier président ne pouvait donc pas m'accorder de congé.

(5) La preuve que mon absence ne pouvait porter le moindre préjudice au service, c'est que M. Merendol, absent par congé, ayant été remplacé lui-même par M. Floret pour le service de la 2ᵉ chambre, ce fut M. de Surian, juge-auditeur nommé depuis peu, qui remplaça ce dernier pendant les quelques jours qu'il a été malade ; tandis qu'attaché spécialement au service du parquet, on refusait (je ne sais d'après quel ordre) de me donner du travail, bien que j'en aie continuellement demandé.

(6) Je ne connais pas la loi qui défend à un juge de signer hors de son arrondissement. Il est clair que ce jugement n'est pas encore signé ; je ne sais si, pour le plus grand bien de la chose publique, on continuera de m'empêcher de mettre une signature que la loi me fait une obligation d'apposer au bas d'un jugement.

(7) J'ai expliqué plus haut les motifs de cette absence.

(8) Cette mesure ne fut approuvée de M. Regnis, alors procureur du roi, qu'après qu'il eût pris connaissance de la manière dont elle avait été prise.

Mais je ne puis m'empêcher de rappeler ici, comme un des plus beaux momens de ma vie, le témoignage flatteur que me donna dans cette affaire le respectable M. Rigordy, alors président du tribunal : *Vous avez fait changer*, dit-il, *l'opinion de ces messieurs et la mienne sur le fond du procès.*

(9) Il est bon d'observer, pour l'honneur des principes, que la loi ordonne sans exception de juger tous

les crimes dont la procédure est instruite à la plus prochaine session d'assises. Si donc la chambre des mises en accusation a décidé que cette affaire, qui a eu lieu au mois de mars, ne serait jugée qu'au mois d'août, c'est probablement pour me faire figurer au nombre des accusés, et non comme on l'a prétendu parce que les assises étaient trop chargées.

(10) Il y a des personnes qui ont prétendu que j'avais harangué le peuple. Dieu sait si, au milieu de ce tumulte, il était aisé de se faire entendre.

Un homme de lettres me disait qu'avant de retenir le bras de ce gendarme, j'aurais dû l'examiner de la tête aux pieds pour savoir s'il avait eu tort ou raison de tirer son sabre, et adresser ensuite un discours au peuple. Je ne conseillerais pas à cet homme de lettres, s'il voyait un sabre levé sur lui, d'entreprendre une harangue, même dans le genre de celles que certains historiens prêtent à leurs héros dans des momens critiques. Retenir la main était, je crois, le meilleur parti, et je puis garantir que, dans un pareil moment, la première phrase d'un académicien risquerait de lui servir d'oraison funèbre.

(11) Arrêtez-moi cette g.....là : je demande pardon de l'expression ; mais cela ne peut se rendre avec une périphrase.

(12) J'ai reçu de S. G. une réponse à ces deux rapports ; elle me dit qu'elle examinerait avec la plus sérieuse attention les explications que je lui avais transmises sur cette affaire.

(13) Je pourrais citer quelqu'un qui me dit qu'il ne me conseillait pas en pareille occurrence de faire ce que j'avais fait. Ce quelqu'un est pourtant payé pour faire

respecter les lois, et surtout pour obéir à la magistrature qui est chargée de les faire observer. Aurait-on donné des ordres pour faire sabrer les magistrats?

(14) Nier la majeure, c'est donner une SORTE de démenti, et on ne le peut faire sans prendre quelques précautions oratoires.

(15) Voyez *le Messager de Marseille* du 12 avril 1828.

On fait dans ce moment une loi qui permet de venger la susceptibilité si habituelle contre un bon mot: cette loi défend-elle le mépris ou l'indifférence pour quelques sottises insignifiantes? Voilà ce que nous nous permettrons de demander. Nous savons qu'il est aussi des petites ruses que tout le monde se permet et qui font bien des dupes: on attend habituellement qu'on ait répondu à une première lettre pour en écrire une seconde, et alors on écrase son adversaire; on fait au besoin mettre un article par un autre, ou bien on en fait un soi-même, sous un nom supposé, et on obtient certaine célébrité à 1 fr. 50 c. la ligne.

Quant à moi, convaincu que M. Saint-Hilaire, qui n'est pas sans esprit, n'est pas non plus un homme dangereux, je puis assurer que, s'il avait dépendu de moi, pendant mon séjour à Paris, de le faire nommer officier de gendarmerie, pour peu qu'il l'eût desiré, j'aurais fait tout ce qui aurait dépendu de moi pour lui faire accorder une faveur dont il n'est pas indigne. Ce n'est point, en effet, un persifflage plus ou moins bien tourné, qui ôte à un homme le mérite qu'il peut avoir, et je suis persuadé qu'avant comme après sa lettre, M. Saint-Hilaire, ancien capitaine rétraité et chevalier de la Légion-d'Honneur, pourrait encore ren-

dre de grands services à la chose publique en entrant
dans le corps de la gendarmerie royale, où nous avons
besoin de trouver des hommes qui aient le véritable
honneur, sans le secours duquel la justice ne peut
point marcher avec confiance.

(16) Il y a peu de temps, me trouvant seul au siège
du ministère public à la police correctionnelle (deux
substituts étaient indisposés, et les trois chambres te-
naient leur audience dans le même moment), deux malheureux figuraient sur le banc des prévenus, leur crime
était d'avoir nettoyé les rues, et c'était pour la seconde
fois et après avoir subi une première condamnation pour
le même fait, qu'ils étaient poursuivis, comme *voleurs*,
par l'entreprise des balayages.

Me croyant fort d'une si belle cause et trouvant encore une occasion de servir l'humanité, je développai
dans des conclusions très détaillées tous les moyens qui
pouvaient servir à leur acquittement.

En effet, le bail, passé, par la ville ne parlant que
des immondices provenant du balayage, il fallait, aux
termes du cahier des charges, qu'il y eût balayage, et
par conséquent occupation, pour qu'il y eût propriété,
qu'ainsi il n'y avait pas même contravention, puisque
l'espèce n'était pas prévue.

Quand même l'esprit et la lettre de cet acte adminis-
tratif seraient parfaitement d'accord pour faire le fermier
propriétaire de choses délaissées, il faudrait toujours
qu'il y eût occupation et trace d'un acte de propriété
quelconque, pour que l'entrepreneur pût déclarer la
chose sienne selon les principes du droit romain. L'article 714 du Code civil me sembla donner une nouvelle
force à mes assertions. *Il est des choses qui n'appartien-*

nent à personne et dont l'usage est commun à tous : des lois de police règlent la manière d'en jouir. Telles sont les expressions de cet article. J'eus l'honneur de faire observer aux juges que, si l'usage de ces choses était commun à tous, les lois de police qui doivent régler la manière dont *tous* doivent en jouir, ne peuvent établir sans violer la loi qu'un seul jouisse à l'exclusion de tous autres.

Je fis même valoir une considération qui me paraissait puissante ; la voici : si ces malheureux, après avoir déjà été condamnés une première fois pour le même fait, se sont exposés à une seconde condamnation, c'est la preuve la plus évidente qu'ils ne peuvent se livrer à un autre travail ; c'est une preuve que l'entreprise ne leur donne pas de quoi gagner leur vie ; tandis qu'elle devrait leur offrir des bénéfices plus considérables que lorsqu'ils travaillent pour eux.

Je fis même valoir, en dernier lieu, que le meilleur moyen de voir la condition de tenir les rues propres fidèlement accomplie, c'était de laisser une espèce de concurrence entre les entrepreneurs déjà payés et ceux qui travaillent gratuitement.

Ces considérations, jointes à bien d'autres, n'eurent pas le résultat auquel je croyais devoir m'attendre, les malheureux frères Vein, chargés d'une famille nombreuse, furent condamnés, comme voleurs, à onze jours de prison, à l'amende et aux frais de la procédure, en vertu des dispositions des art. 401, 52 et 463 du Code pénal.

M. le procureur du roi fut tellement touché de la position de cette malheureuse famille, qu'il les engagea à en appeler, et me chargea de faire un mémoire pour la Cour : le mémoire a été fait ; mais ces malheureux ont été forcés par la misère à en passer par cette première condamnation.

(17) Voilà la preuve qu'il y avait eu complot parmi ces misérables.

(18) Les auteurs de mes jours ont enduré sous les verroux le régime affreux de la révolution ; mon père a montré de la fermeté sous Bonaparte, et, à cette époque , il y avait quelque mérite à résister : le comte d'Artois l'a décoré en 1814 de la croix de la Légion-d'Honneur, et l'on peut dire que cette marque de distinction n'est pas placée sur un homme qui soit indigne de la porter. Mais il vient un âge où l'on a besoin de repos ; si j'ai donc été obligé de résister à mon père pour conduire cette procédure à son terme, ce n'est que parce que j'ai cru qu'aveuglé par l'amour qu'il a pour moi et ne connaissant pas les lois qui m'obligeaient d'agir de la sorte, il n'a écouté que ce que son cœur a pu lui inspirer ; il est bien consolant pour moi d'avoir des parens auxquels je ne puisse faire d'autre reproche que celui de me trop aimer.

(19) On aura peut-être lu dans la *Gazette des tribunaux*, sous le titre de lettre d'un magistrat inculpé, un article conçu en ces termes :

M. le Rédacteur ,

J'ai l'honneur d'appartenir à la magistrature.

Il y a environ deux mois, me trouvant au milieu d'un désordre , j'ai tâché de rétablir la paix soit en retenant le bras d'un gendarme qui allait donner *un coup de sabre à une femme*, soit en prenant tous les moyens que la prudence a pu me suggérer. J'ai eu le bonheur d'y parvenir, et personne n'a donné la moindre marque d'improbation sur ma conduite pendant plusieurs jours.

Me trouvant dans ce moment à Paris, j'ai appris, il y a peu de temps, que M. le procureur général m'avait fait signifier une plainte à domicile à la suite de laquelle je suis cité devant la Cour royale

dont je ressors, pour rendre compte de ma conduite et *entendre re-*
quérir et prononcer contre moi les peines de discipline qu'il appartiendra.

Je ne me propose pas de mettre sous les yeux du public cette
plainte ni les divers griefs qu'on me reproche, ayant annoncé dans
le journal de la ville que j'habite que, lorsque la justice instruisait,
les passions devaient cesser de parler et la confiance renaître. *Je ne*
rendrai compte de ma conduite que lorsqu'il en sera temps, et la VÉRITÉ
sera TÔT *ou* TARD *mise au grand jour;* mais puisqu'il me reste encore
quelque temps pour préparer ma défense et que tous les avocats que
j'ai consultés jusqu'à présent m'ont assuré que non-seulement je ne
suis point blâmable, mais encore que j'ai très bien fait, plusieurs
d'entre eux m'ayant même dit que j'aurais été *répréhensible* et même
PUNISSABLE (d'après la loi) si je n'avais pas fait ce que la seule im-
pulsion de ma conscience m'a engagé de faire, je prends la liberté
de vous prier d'insérer dans votre journal la question suivante :

« *Quand il y a un* TUMULTE *quelque part et que les agens de l'autorité*
« *ne font pas ou paraissent mal faire leur devoir,* UN MAGISTRAT QUI
« INTERVIENT POUR *rétablir l'ordre,* MANQUE-T-IL PAR CE SEUL FAIT
« AUX CONVENANCES AU POINT D'ÊTRE SÉRIEUSEMENT RÉPRÉHEN-
« SIBLE ? »

Mon opinion est que je ne mérite ni éloge ni blâme puisque je
crois n'avoir fait que mon devoir.

Cependant comme rien n'est plus commun que de se faire illusion
dans sa propre cause, et n'ayant trouvé jusqu'à présent que des personnes de mon avis parmi celles que j'ai consultées, j'ose espérer
que les jurisconsultes sous les yeux desquels cette question tombera
et qui auront une opinion contraire à la mienne, me feront la grâce
de l'adresser au bureau de votre journal.

Recevez, etc.

Un juge-auditeur, remplissant les fonctions de substitut
dans un tribunal éloigné de la capitale.

« Cette lettre est de moi, et je puis dire que tous les
magistrats de ma connaissance sous les yeux desquels
elle est tombée ont été de mon avis : les personnes qui
connaissent le réquisitoire de M. Dufaur savent s'il y a
un seul mot qui ne soit pas de la plus rigoureuse exactitude dans cet article pour lequel on voudra peut-être
encore me faire un procès. Il n'est aucunement parvenu à ma connaissance qu'il se soit trouvé un seul
jurisconsulte en France de l'avis de M. Dufaur. »

FIN.

LETTRE.

Adressée à M. le Directeur du personnel du Ministère de la justice.

Paris, 14 juillet 1828.

MONSIEUR,

Le jour de mon arrivée à Paris, j'eus le bonheur d'être admis au ministère de la justice auprès d'un personnage qui m'honore de sa bienveillance. J'ai su que monseigneur le garde-des-sceaux était profondément affligé de ce qui m'était arrivé.

Rien alors n'était encore décidé ni bien connu.

J'avais desiré obtenir une audience de sa grandeur. La demande par écrit que j'ai adressée à cet effet à la chancellerie de France est restée sans réponse. Plusieurs honorables députés l'ayant renouvelée oralement en mon nom, l'un d'eux reçut du ministre la promesse que cette faveur me serait accordée.

Depuis, il s'est écoulé bien du temps et passé bien des choses.

Vous savez, M. le directeur, qu'il a été prononcé par défaut contre moi un arrêt qui me suspend pendant un mois de mes fonctions ; la dépêche officielle est arrivée à la chancellerie ; j'en ai acquis la certitude, et en ai demandé une expédition.

Je la redemande aujourd'hui.

Vainement dirait-on qu'il faut avoir l'avis de monseigneur le garde-des-sceaux pour me faire cette communication : les ordres de sa grandeur doivent avoir été donnés ; ils seront suivis. Toutefois, s'il ne s'agit que de

5

la prévenir, vous aborderez le ministre bien plus facilement et certainement avec plus de succès que moi.

Je m'adresse à vous, M. le directeur, parce que je suis persuadé que, chargé spécialement du PERSONNEL *du ministère de la justice*, vous trouverez le moyen de me communiquer de quelque manière une pièce qui m'intéresse PERSONNELLEMENT *comme magistrat*. Si cet arrêt me regarde directement ou indirectement, en quel lieu qu'il se trouve, je crois pouvoir en réclamer une expédition comme ma propriété. Pourquoi refuserait-on de m'en donner connaissance, lorsque je me trouve le seul intéressé ?

Il paraît qu'on fait en Provence le même refus à mon fondé de pouvoirs qu'on me fait à moi-même à Paris ; peut-être plaide-t-il dans ce moment contre le greffier pour obtenir la preuve authentique de ma défaite. Marseille est tributaire de la petite ville d'Aix : il faut bien que cette dernière lui fasse sentir sa suprématie judiciaire. Si dans ce petit pays l'on n'est pas difficile pour le choix des moyens, je leur ai laissé la faculté de m'élever une petite chicane pour voir s'ils se donneront le plaisir d'en user.

Quoi qu'il en soit, il faut que tôt ou tard la France, qui connaît le résultat de l'arrêt de la Cour d'Aix, en connaisse aussi les motifs et dispositifs.

J'ai *promis*, monsieur, de faire connaître la vérité ; il le faut : je n'ai employé encore aucune voie de rigueur. Quand on a la justice pour soi, on est toujours assez fort. Avec les lois qui nous régissent et les princes sous lesquels nous avons le bonheur de vivre, il n'est pas si aisé de replâtrer un premier tort avec de nouvelles fautes, surtout quand on a affaire à un homme qui a quelque force dans l'âme, un cœur droit et des intentions pures.

Heureux siècle où ceux à qui on fait faute de justice, et qui en ont soif, *qui esuriunt et sitiunt justitiam*, peuvent être rassasiés! Au reste, s'il s'élevait encore quelque nuage, si même les temps devenaient mauvais, indépendant par caractère, par position et par devoir, je saurais mériter une nouvelle censure pour bien défendre ma dignité, compromettre ma liberté pour le plus grand avantage de tous, et, s'il le fallait, affronter la mort même pour servir mon roi et mon pays.

Je ne puis donc avoir aucun regret, monsieur, sur ce que j'ai fait le 24 mars dernier, et suis prêt à recommencer encore si pareille occasion se présentait de nouveau. Si la Cour a décidé que j'ai eu tort d'avoir agi par humanité, elle peut prendre acte que sur ce point je suis incorrigible.

Vous pouvez, monsieur, faire de cette lettre tel usage que vous jugerez convenable; mais comme le 17 juillet il y aura deux mois que j'aurai interrompu mes fonctions judiciaires sans congé, et que la loi, par ce seul fait, décide que je serais censé démissionnaire, pour me garantir de toute surprise, il faut que ce jour-là je sache *officiellement* si je suis suspendu ou non de mes fonctions. On a été bien rigoureux envers moi; il ne me reste qu'une ressource : user de la liberté de la presse est quelquefois un DEVOIR, selon l'expression de l'illustre père de sa grandeur. N'y a-t-il pas dans ma position des circonstances assez graves pour me faire une obligation impérieuse d'en faire usage? Je ferai tout pour le mieux; je serai blâmé, je le sais; mais

5.

quand on fait bien, ne doit-on pas s'estimer heureux d'avoir la désapprobation de certaines personnes?

Je sais, monsieur, que mon absence de Marseille était irrégulière: elle ne l'est plus aujourd'hui : j'ai fait ce qui dépendait de moi pour la faire régulariser ; je n'ai rien pu obtenir. Ma présence à Paris me paraît *nécessaire* dans ce moment ; plus tard elle deviendrait peut-être *indispensable*, puisque, si je me mettais en route pour la Provence, sa grandeur pourrait me mander pour comparaître devant la cour de Cassation qui est à Paris. Et moi aussi j'ai le droit d'en appeler à la Cour suprême, et si je ne veux point profiter de cette faculté, pourquoi retournerais-je en Provence ? Suspendu de mes fonctions, que ferais-je dans ce pays, lorsque mes affaires sont ici ?

Mais tous les raisonnemens sont épuisés ; j'ai pris une dernière et irrévocable détermination. Et bien différent de tant d'autres, avant d'agir je vais annoncer ce que je compte faire, et vais m'expliquer catégoriquement sur tous les points avec vous.

1° Je desire avoir mon arrêt ; j'ai le droit de le demander ; je l'ai fait et le refais encore avec toutes les mesures de l'urbanité française. Faudrait-il qu'on me forçât de dire avec un huissier que *je le veux* ?

Ma cause est bonne, il m'est impossible d'en douter ; l'arrêt, prononcé par *défaut*, peut (bien qu'il me condamne) n'être point mauvais ; mais il peut aussi (et ces refus et moyens de rigueur me le font croire), il peut, dis-je, n'être point bon.

J'ai pris dans ces deux cas deux déterminations différentes :

Si l'arrêt est bon, je pars après l'avoir fait connaître

à tous ceux qui, comme vous, monsieur, ont pu lire mon projet de défense : *je l'ai promis*. Cela fait, je me présenterai devant la Cour d'Aix pour rabattre le défaut et faire réformer, par la voie de l'opposition, l'arrêt que, dans leur sagesse, les mêmes juges auront rendu contre moi.

Dans ce premier cas, ma démission sera donnée tout de suite.

Si, au contraire, l'arrêt me paraît mauvais, il faudra toujours le rendre public ; *j'ai promis*. Mais il n'y aura ni opposition ni appel ; et, comme il y aurait de la lâcheté de ma part de quitter ma carrière dans un pareil moment, de DÉMISSION, *je n'en donnerai point*. J'AI PROMIS de ne me retirer dans la vie privée qu'en conservant ma dignité. Ce serait l'oublier que de déserter dans des circonstances où ma présence comme magistrat peut devenir nécessaire pour faire le bien.

2° Les trois gendarmes signataires du procès - verbal sont des *parjures* et des *faussaires* ; j'en ai la preuve matérielle ; il m'a été impossible de l'administrer. Je ne parlerai pas de leur insolence, mais il y a trois mois que j'ai porté mes plaintes sur le procès-verbal ; je les ai renouvelées par un fondé de pouvoir le jour de mon départ. M. le préfet me dit qu'il est possible que les gendarmes soient ce que je dis, et qu'en ce cas il me les livre, et j'ai les mains liées de toutes les manières. MM. les officiers de gendarmerie doivent ajouter foi aux dispositions de leurs subordonnés : trois ministres se sont occupés de cette affaire.... Ces gendarmes portent encore l'uniforme militaire français.

Les personnes qui ont vu et entendu savent ce qui en est : on me connaît en Provence, on y connaît aussi mes antagonistes, bien qu'ils soient assez adroits pour se cacher en faisant agir d'autres personnes. La vérité est une: prendra-t-on des mesures pour la découvrir? La loi nous ordonne de rechercher le crime et d'en poursuivre le châtiment: réussiraient-elles à cacher un forfait, les personnes qui ont pris tant de peine pour inventer les délits qu'on a voulu m'imputer? J'ai fait tout mon possible pour faire triompher la vérité: si je n'y suis point parvenu, il n'y a pas de ma faute.

3° Il y a à Marseille un jugement correctionnel auquel j'ai participé, et qui n'est point revêtu de ma signature, parce qu'on m'en a empêché. La loi m'ordonne comme juge de le signer: veut-on me le faire parvenir pour que je signe, oui ou non? Mon devoir m'oblige de faire ce que l'on tient tant à me prouver que je n'ai point fait pour me le reprocher. Faut-il que la loi ou le plaisir de censurer l'emporte? J'aurais envoyé mon blanc seing à Marseille, si je n'avais craint qu'on en abusât.

4° Vous savez, monsieur, qu'on m'a parlé de DESTITUTION: Quelque vicieux que soient les réglemens et ordonnances *sur les juges auditeurs*, je suis nommé par le roi: j'ai rendu la justice en son nom comme *juge auditeur avec voix délibérative*: la Charte, ce me semble, décide explicitement que je suis inamovible. Il serait important de faire décider la question: mais, accoutumé par état à n'obéir qu'à la raison, je me croirai obligé de ne céder qu'à la violence.

Je serais désespéré, monsieur, que le ton de ma lettre vous déplût: le langage d'un magistrat est quelquefois sévère: il faut toujours qu'il le soit lorsqu'il s'agit de préciser des faits aussi graves, et de déchirer le voile pour mettre .. .u une vérité peut-être désagréable, mais qu'il faut fai.e connaître.

Je suis probablement destiné à végéter dans la pépinière des juges auditeurs. Parmi les jeunes gens entrés en même temps que moi dans la carrière, il en est de procureurs du roi, et un entre autres qui l'est depuis long-temps près d'une cour d'assises.

J'ai embrassé la noble carrière de la magistrature si bornée à Marseille, dans le but d'arriver à la considération. Rendant *gratuitement* la justice au nom du roi, quand même j'aurais à rester juge-auditeur toute ma vie, tandis que d'autres brilleraient aux premiers rangs, fort de ma conscience, je me croirais bien partagé *encore*.

Recevez, Monsieur, l'assurance, etc.

AD. LOMBARDON ,
juge auditeur au tribunal civil de première
instance de Marseille.

P. S. Je prends la liberté de prier monsieur le directeur du personnel d'avoir l'extrême bonté de me donner réponse sur tous les points que j'ai l'honneur de lui soumettre; sans quoi je me verrais à regret dans la cruelle nécessité de livrer la présente lettre aux journaux, et de requérir au besoin qu'elle soit insérée dans celui qui a usé du droit que la loi lui donnait de livrer au public une analyse de mon projet de défense.

LETTRE

A Sa Grandeur Monseigneur le Garde-des-sceaux de France.

Paris, 18 juillet 1828.

MONSEIGNEUR,

J'avais adressé une lettre au rédacteur de la *Gazette des Tribunaux* pour connaître l'avis des jurisconsultes qui lisent ce journal sur un point assez essentiel de mon affaire, celui de savoir si un juge auditeur peut être bon à empêcher de donner un coup de sabre sans *se rendre par ce seul fait sérieusement répréhensible*, ainsi que le prétend M. le procureur général de la Cour royale d'Aix, qui qualifie de DÉPLORABLE *l'intervention d'un magistrat dans un désordre*. Bien des gens ont lu cet article : des magistrats m'ont dit que ma conduite était louable, et il n'est jusqu'à présent personne que je sache qui me blâme sous ce rapport.

Je reconnais quelques torts dans le projet de défense que j'ai fait imprimer ; j'ai même recueilli tout ce qui s'est dit contre moi pour créer un système d'accusation, et pouvoir répondre à quelque chose, puisque la plainte de M. le procureur général ne spécifie rien. Un arrêt de la Cour royale me suspend pendant un mois de mes fonctions ; je ne sais pour quel fait, et il m'est impossible de me procurer les motifs, graves sans doute, qui doivent justifier des mesures qui me paraissent bien sévères, à moi, et peut-être odieuses aux personnes qui ne connaissent que la plainte, ma défense et le résultat d'un arrêt qu'on finirait par croire injuste, si l'on pensait qu'on craint de le mettre au grand jour.

On sait à Marseille qu'on m'a refusé la communication des pièces de la procédure. L'arrêt qui me condamne, basé peut-être sur des dépositions que j'ignore, n'est certainement point une pièce à mon avantage : je suis le seul intéressé à ce qu'il ne soit pas connu ; mais j'ai promis de le faire connaître, c'est pour cela que je suis si pressant.

Après plusieurs démarches infructueuses, j'ai adressé une lettre à M. le directeur du personnel pour lui demander des explications ; on ne m'a rien répondu, sinon que je n'aurais point de réponse ; j'ai précisé des faits de la plus haute importance, et n'ai pu obtenir qu'un refus sur tout. Il est incontestable cependant que si M. le directeur avait le droit de me refuser, j'avais aussi celui de demander. Mais cette lettre a déplu, à ce qu'il paraît ; je suis incriminé sur ce point ; et, puisqu'elle est répréhensible, je compte la faire imprimer comme toutes les pièces à ma charge, parmi lesquelles se trouvera l'arrêt qu'il faudra bien que je finisse par connaître un jour.

Quoi qu'il en soit, monseigneur, si M. le directeur du personnel me faisait la grâce de spécifier les expressions de ma lettre qui ont pu l'offenser, je serais prêt à les désavouer, tout comme j'aurais su m'excuser auprès de lui, si, dans la conversation, il m'était involontairement échappé quelque chose d'inconvenant, et je suis persuadé qu'alors, comme toujours, nous nous serions séparés fort contens l'un de l'autre.

J'ai annoncé dans ma lettre des mesures qui, bien que *légales*, pourraient paraître acerbes ; elles me semblaient commandées par la nécessité : à force de réfléchir, je vois que je puis me dispenser d'user de ces moyens rigoureux. J'en ai trouvé d'autres pour me tirer d'affaire : je ne ferai point non plus parler les journaux ; il en est un qui s'est emparé à mon insu de mon projet de défense imprimé, que j'avais pris la liberté de transmettre à votre grandeur. On a usé d'un droit. Votre grandeur croirait-elle qu'on a mal fait ?

Une personne que je m'abstiendrai de nommer m'a menacé de destitution (1). Cette mesure serait-elle légale ? C'est le roi qui m'a nommé : peut-être sa majesté entend-elle que ma nomination soit inamovible. D'ailleurs, avait-on bien réfléchi avant de me faire une pareille menace ? Il y a deux jours qu'on m'a assuré qu'on ne connaissait point mon affaire. Tous ces antécédens auraient pu motiver dans mon écrit quelques mots qui marqueraient de l'humeur ; mais je puis assurer que c'est bien involontairement qu'ils auraient échappé à ma plume.

Les mesures de rigueur à mon égard me semblent épuisées. Je n'ai aucune nouvelle, depuis le 23 que l'arrêt est rendu, de tout ce qui se passe en Provence. Mon arrêt est-il signifié ? M'aurait-on mis en demeure lors-

---

(1) Il est vrai qu'il m'a été parlé de destitution, mais ce n'a été que d'une manière hypothétique et ce fut une discussion en droit qui s'engagea entre un personnage de la chancellerie et moi. Il est probable qu'on a peut-être voulu voir si j'étais assez ferme sur les principes. Mais je puis assurer que j'ai depuis acquis la certitude que tant que M. Portalis serait garde-des-sceaux on ne verra rien de semblable et qu'on fera tout pour assurer l'indépendance qu'on aime chez tous les magistrats, et surtout chez ceux qui sont appelés à *juger.*

Ou je me trompe fort ou dans peu de temps on verra présenter quelque projet de loi qui assurera non-seulement en droit l'inamovibilité dont les juges auditeurs ont toujours joui en fait, mais on prendra probablement encore des mesures sages pour assurer par la suite leur avancement dans une carrière pénible à laquelle ils ont, comme les conseillers auditeurs, consacré les plus belles années de leur vie.

que mon absence *était* irrégulière ? Aurait-on signifié des pièces à mon domicile, en persuadant à mes parens qu'il ne fallait me rien communiquer ? J'ignore tout; je sais seulement que la Cour a été plus sévère à cause de la lettre que j'ai fait insérer dans la *Gazette des Tribunaux* pour demander l'avis de jurisconsultes.

Si, en usant de moyens astucieux qu'il m'est bien permis de pressentir, on avait réussi à mettre la rigueur du droit contre moi, il faudrait bien céder; mais, obligé de recourir à l'opinion publique, elle ferait justice de pareils moyens, et ma dignité ne serait point compromise, même quand j'aurais été dépouillé d'une robe qu'on a su me rendre trop pesante.

Difficile à persuader quand il s'agit de croire au mal, je ne me rends qu'à ce qui me paraît l'évidence; mais, lorsque je suis dans le cas de poursuivre, je sais distinguer ceux que le malheur ou la passion ont pu rendre criminels, de ceux que l'éducation, le rang ou la fortune devraient préserver de ces transgressions honteuses que personne ne devrait jamais se permettre impunément.

Il me souvient, monseigneur, qu'en poursuivant le doyen du barreau de Marseille, je prononçai ces mots en pleine audience : « Si nos expressions sont fortes, « c'est parce que celui qui est poursuivi est placé plus « haut, *et nous le disons aujourd'hui hautement parce que* « *nous sommes sûr de ne nous démentir jamais*: ce sera « toujours à proportion de ce que les coupables seront « plus élevés dans les rangs de la société que nous « nous servirons d'expressions plus sévères. »

Si, en effet (chose qu'on ne peut supposer) dans quelque affaire dont j'aurais le pénible honneur de l'entretenir comme magistrat, votre grandeur ne remplissait point son devoir comme ministre, simple juge auditeur, j'emploierais des expressions bien autrement fortes que celles dont je serai obligé de me servir lorsqu'il faudra faire connaître de grands coupables. Telle est la manière dont j'ai toujours entendu mon devoir.

Votre grandeur sait aussi bien que moi que nous sommes obligés en conscience de soutenir la dignité de notre robe en nous faisant respecter et nous respectant nous-mêmes. Je desire arriver à la vérité : si elle reste cachée, où en sera l'honneur de la magistrature ? Faudra-t-il que je travaille toujours seul à la découvrir?

Beaucoup de jeunes magistrats sont certainement au-dessus de moi pour le savoir et les talens : j'ai encore beaucoup à acquérir, je le sens très bien, mais je puis me rendre le témoignage qu'en fait d'honneur, de fermeté et de loyauté je n'ai de supérieur dans aucun âge ni dans aucun rang ; et je m'estime heureux de pouvoir compter sous ce rapport assez d'égaux dans toutes les classes pour n'être point dans le cas de me plaindre de succomber dans une cause que la masse imposante des honnêtes gens voudra juger aussi.

Je suis, monseigneur, avec le plus profond respect,
De votre grandeur

Le très humble serviteur,

Ad. Lombardon,

juge auditeur du tribunal civil de première instance de Marseille.

———

25 juillet, huit heures du soir.

Je viens de recevoir une réponse de M. le garde-des-sceaux. Bien qu'il n'y ait rien qui ne puisse être mis au jour, je ne l'ai point fait imprimer, de crainte de déplaire à sa grandeur.

Je suis traité avec assez de sévérité et sur mon absence et sur les expressions dont je me suis servi relativement aux motifs qui auraient pu déterminer la mesure prise à mon égard. Rien autre dans la lettre qu'on vient de lire n'a été blâmé par sa grandeur, ce qui me fait présumer que rien autre dans le reste de cet écrit ne lui aura déplu. Je me conduirai donc en conséquence.

J'ai quinze jours pour transmettre à la chancellerie mes observations. Aujourd'hui que je connais l'arrêt, je ne suis point étonné que sa grandeur soit prévenue contre moi, puisque la Cour qui m'a condamné sur des motifs qui *paraissent très graves* a été induite à erreur par les personnes qui ont conduit toute l'affaire.

Mais faut-il m'expliquer sur tout? Sa grandeur semble le donner à entendre, puisque, bien qu'elle ait sous les yeux mon projet de défense, elle me dit encore de lui transmettre des moyens de défense avant qu'elle ne prononce sur un arrêt qui, d'après l'art. 56 de la loi du 20 avril 1810, ne pourra être exécuté qu'après que le grand-juge aura donné son approbation.

Cependant, comme dans le supplément de défense qu'on me demande, je puis être obligé d'employer des récriminations, je ne le ferai que si je m'y trouve contraint et forcé.

On verra les moyens que j'ai pris dans cette circonstance difficile pour faire du mieux qu'il dépendait de moi. Je sais que je serai encore blâmé, mais comment faire pour contenter tout le monde.

LETTRE ET OBSERVATION

Transmises à Sa Grandeur par M. Lombardon.

MONSEIGNEUR,

L'arrêt que M. le procureur général a obtenu de la cour contre moi, *le 23 juin dernier*, n'a été signifié à mon domicile que le 16 *du mois suivant*. Votre grandeur le connaît; elle connaît aussi mon projet de défense.

La simple lecture d'une pareille décision suffit pour montrer qu'elle est au-dessous de toute critique: on a prononcé sur des points pour lesquels je n'avais pas même été cité. On sait que je puis m'expliquer moi-même, et après avoir induit à erreur toute une Cour souveraine par une surprise, on a intérêt à laisser la vérité ensevelie dans un profond mystère.

Je transmets avec la présente à votre grandeur la délibération de la Cour, telle qu'elle été signifiée à mon domicile, sans y ajouter ni retrancher un seul mot.

Si M. le procureur général de la Boulie n'avait pas mis dans son réquisitoire que le service des audiences a été troublé par mon fait, je ne me trouverais pas dans la dure nécessité de lui donner le démenti le plus formel. Si les expressions dont je suis obligé de me servir envers un tel supérieur paraissent inconvenantes, si votre grandeur veut avoir une explication précise, détaillée et accompagnée de pièces justificatives, si elle veut savoir ce que toute la Provence sait, elle n'a qu'à rompre le cachet qui scelle le second pli que j'ai l'honneur de lui transmettre, et elle verra que quelque forts que soient les termes dont je me sers, ils sont peut-être encore au-dessous de la vérité.

Mais en l'état votre grandeur n'a point voulu se prononcer; elle n'est donc pas convaincue. Il s'agit d'accomplir un acte de justice, et non d'examiner tout ce qui a précédé, accompagné et suivi cette affaire, à l'occasion de laquelle on aurait été bien aise d'exercer quelques petites vengeances. Quoique je ne me sois expliqué sur rien, j'en ai peut-être dit plus qu'il n'en faut, et ceux qui réclament l'approbation du grand-juge demandent certainement beaucoup trop, s'il peut refuser de la donner.

Quoi qu'il en soit, l'opinion publique me mettra toujours au-dessus d'une pareille décision: j'ai lutté seul contre des adversaires puissans; ce ne sera jamais sur moi que rejaillira le moindre blâme.

Je suis,

Monseigneur,

Avec le plus profond respect et la considération la plus distinguée,

De Votre Grandeur

Le très humble serviteur,

AD. LOMBARDON,

juge auditeur au tribunal civil de première instance de Marseille.

In societate civili aut lex aut vis valet. Est autem vis quædam legem simulans; et lex non nulla magis vim sapiens quàm æquitatem juris. Triplex est igitur injustitiæ fons; vis mæra; illaqueatio malitiosa prætextu legis; et acerbitas ipsius legis.   BACON.

Dans la société civile c'est la force ou la loi qui domine; mais quelquefois la force se cache sous l'apparence de la loi, quelquefois aussi la loi tient plus de la force que de l'équité du droit. Il y a donc trois sources de l'injustice : la force ouverte, un mélange trompeur sous l'apparence de la loi, et la rigueur de la loi elle-même.

DÉCISION DE LA COUR ROYALE D'AIX.

Extrait des registres des délibérations de la Cour royale d'Aix (département des Bouches-du-Rhône.)

L'AN mil huit cent vingt-huit et le vingt-trois mai, les trois chambres de la Cour royale se sont réunies dans la chambre du conseil, au palais de justice, sur la convocation faite par le greffier en chef, par un ordre de M. le premier président. Ont été présens : M. le premier président, MM. les présidens Cappeau, Darlatan-Lauris et Delacheze-Murel; MM. de Gastaud, de Foresta, Poitevin, Verger, Mougins de Roquefort, de Bourguignon de Fabregoule, d'Anselme, de Gras, Fabry, Roudier, Raybaud, Beuf, Testanière de Miravail, de Barlet, Le Blanc de Castillon, Olivier, Berage, de Magnan et Casteslan, conseillers ; MM. de Robineau-Villemont, d'Alpheran de Bussan, de Ribe et Ricard, conseillers auditeurs. (1)

M. de la Boulie, procureur général du roi, est entré suivi de MM. Dufaur, de Parery de Thorame, avocats généraux ; Bret, substitut ; Barlatier de Saint-Julien et de Benault de Lubières, conseillers auditeurs attachés au parquet.

L'assemblée formée, M. le premier président a donné la parole aux gens du roi.

M. *Dufaur*, premier avocat général, au nom du procureur général, s'est levé et a dit que, par ordonnance du quatorze mai courant, M. le premier président a fixé à ce jour celui auquel M. Lombardon, juge auditeur, attaché au tribunal de première instance de Marseille, serait cité à comparaître par-devant la Cour, chambres réunies, pour y fournir les réponses et observations sur la plainte en discipline portée contre lui, comme ayant compromis, sous plusieurs rapports, la dignité de son caractère, à l'occasion d'une scène tumultueuse qui s'est passée à Marseille le vingt-quatre mars.

Une citation a été donnée à cet effet le *dix-neuf mai*, au domicile de M. Lombardon, lequel ne se présentant point, M. le procureur général requiert qu'il soit passé outre, nonobstant l'absence du sieur Lombardon.

En conséquence il dépose sur le bureau le réquisi-

(1) Voyez les notes sur la décision de la Cour royale d'Aix, p. 92.

toire dont la teneur suit ; après quoi il s'est retiré avec les officiers de son parquet.

(2) Suit la teneur du réquisitoire.

Entre le procureur général près la Cour, et M. Lombardon, juge auditeur dans le ressort de la Cour et attaché au tribunal civil de Marseille.

Sur l'absence de M. Lombardon.

« Attendu que M. Lombardon, ayant su, le seize du courant (3), *par l'huissier qui préparait la citation*, qu'il allait être assigné devant la Cour, pour entendre prononcer contre lui les peines de discipline qu'il pouvait avoir encourues, a disparu la nuit, pour aller, dit-on, à Paris ; que ce départ, *sans congé*, *n'est pas* (4) *autre chose qu'une fuite ou qu'une absence illégale* qui ne doit pas arrêter le cours de l'action dirigée contre lui, et en empêcher ou suspendre l'examen.

« Sur le fond : attendu que dans la journée du vingt-quatre mars dernier, pendant qu'une rébellion avait lieu à Marseille de la part du peuple envers la gendarmerie, M. Lombardon s'est fait acteur dans ce désordre.

« Qu'il a soutenu la résistance du peuple en adressant des reproches aux gendarmes, et en donnant des ordres contre l'un d'eux. (5)

« Qu'il a proclamé publiquement un *système* FAUX (6) d'inertie de la force publique attaquée et violentée.

« Qu'il a aggravé ses torts *en* (7) *augmentant la publicité* par des lettres signées de lui, insérées dans un journal imprimé à Marseille.

« Que, par des *faits antérieurs* et (8) des *faits posté-*

rieurs au vingt-quatre mars, *et* QUI SERONT DÉDUITS (9), il a montré qu'il *est dans une* ESPÈCE (10) *d'habitude de travers et d'écarts.*

« Qu'en cet état une suspension dans ses fonctions est *nécessaire.* (11)

« Vu les articles 50, 54 et 55 de la loi du vingt avril mil huit cent dix, et la citation donnée à M. Lombardon le dix-neuf de ce mois.

« Nous requérons qu'il soit déclaré par la Cour qu'il y a lieu de statuer au fond, et de suite prononçant par défaut contre ledit *sieur* (12) Lombardon, juge auditeur dans le ressort de la Cour et attaché au tribunal civil de Marseille, il soit ordonné que ledit sieur Lombardon sera suspendu de l'exercice de ses fonctions pendant un mois.

« *Fait à Aix, au parquet, le vingt-deux mai mil huit cent vingt-huit.*

« Le procureur général.

(13) « *Signé* LA BOULIE. »

Sur quoi la Cour, après en avoir délibéré, a fait rentrer M. le procureur général et ses substituts, lesquels ayant repris leurs places,

M. le premier président a prononcé l'arrêt suivant :

« La Cour continue la cause au lundi vingt-trois juin prochain. » (14)

Signé C. DE SEZE *et* ROUX ALPHERAN, *greffier en chef.*

L'an mil huit cent vingt-huit et le vingt-trois juin, à onze heures du matin, le trois chambres de la Cour

6.

royale se sont réunies dans la salle du conseil, au
palais de justice, sur la convocation faite par le greffier en chef, par ordre de M. le premier président.
Ont été présens : M. le premier président, MM. les
présidens Cappeau, d'Arlatau-Lauris et Delacheze-
Murel ; MM. de Gastaud, de Foresta, Poitevin, Verger, Mougins de Roquefort, de Bourguignon de Fabregoule, d'Anselme, de Gras, Fabry, Bœuf, Testanière
de Miravail, Le Blanc de Castillon, Olivier, Berage
et Castellan, conseillers ; MM. de Robineau-Villemont, d'Alpheran de Bussan, de Ribe et Ricard,
conseillers auditeurs ; en absence de MM. Bermond,
Roudier, de Barlet, de Magnan (15), retenus chez eux
par indisposition, et de M. Raybaud, président de la
cour d'assises du Var.

M. de la Boulie, procureur général du roi, est entré
suivi de MM. Dufaur, premier avocat général (16) ;
Alpheran, substitut ; Barlatier de Saint-Julien, et de
Benauld de Lubières, conseillers auditeurs attachés
au parquet.

L'assemblée formée, M. le premier président a
donné la parole aux gens du roi.

M. *Dufaur*, premier avocat général, au nom du
procureur général, s'est levé et a dit que le (17) *sieur*
Lombardon, juge auditeur attaché au tribunal de première instance de Marseille, loin de comparaître devant la Cour, conformément à la citation qui a été
donnée à son domicile le dix-neuf mai dernier, et
nonobstant le sursis d'un mois que la Cour, d'office,
a cru devoir lui donner pour faciliter sa comparution,

a fait remettre ce matin au greffier un certificat de
maladie qui lui a été délivré, le seize de ce mois, par
un médecin de Paris ; *sur quoi* (18) M. le procureur
général du roi requiert qu'il soit passé outre, et procédé,
en exécution de l'ordonnance de renvoi du vingt-trois
mai dernier, à la décision de l'action en discipline
par lui intentée contre ledit sieur Lombardon.

Sur laquelle réquisition, après en avoir délibéré.

« Attendu que les faits qui ont accompagné et suivi
le départ précipité du sieur Lombardon prouvent que
ce magistrat *se refuse à comparaître devant la Cour* ;
que le certificat de maladie qu'il vient de faire remettre
au greffe *n'est point* LÉGALEMENT *affirmé* (19); qu'il
ne mentionne qu'une (20) *très légère indisposition* sur-
venue seulement le *quatorze du courant*, époque où
le sieur Lombardon *n'aurait pas dû se trouver à Paris*,
puisqu'il y est *sans congé*, et qu'il ne peut pas avoir
oublié qu'il est parti de Marseille en laissant sans signature (21) *des jugemens correctionnels auxquels
il avait concouru.* » (22)

La Cour ordonne qu'il sera passé outre à l'instruction et à la décision de l'affaire. (23)

Cet arrêt ayant été prononcé par M. le président,
M. *Dufaur*, premier avocat général, au nom du procureur général, s'est levé de nouveau et a développé
les motifs de plainte portés contre le sieur Lombardon à raison de sa conduite dans la journée du *vingt-
quatre* mars dernier, et a conclu conformément au
réquisitoire par lui remis sur le bureau dans la séance
du vingt-trois mai ; après quoi M. le procureur gé-

néral s'est retiré avec les officiers de son parquet.

Sur quoi la Cour, après en avoir délibéré, a fait rentrer M. le procureur général et ses substituts, lesquels ayant repris leurs places,

M. le premier président a prononcé l'arrêt suivant:

« Attendu que dans la journée du vingt-quatre mars dernier, pendant qu'une rébellion avait lieu à Marseille de la part du peuple envers la gendarmerie, le sieur Lombardon *s'est fait acteur dans ce désordre.*

« (24) Qu'il a soutenu la résistance du peuple *en adressant* des reproches aux gendarmes et *donnant des ordres contre l'un d'eux.*

« Qu'en proclamant publiquement et dans un moment où la multitude s'était mise en état de rébellion contre la force armée, *que cette même force devait opposer simplement son* inertie (25) *aux attaques et violences dirigées contre elle*, il a manqué à la dignité de son caractère, *et compromis essentiellement l'ordre public.*

« *Qu'il a aggravé ses torts en augmentant leur publicité* par des lettres signées de lui et insérées dans un journal imprimé à Marseille.

« *Qu'il résulte des* faits (26) *opposés dans le* réquisitoire *du procureur général* qu'à *diverses* époques antérieures au vingt-quatre mars, le sieur Lombardon *a troublé et désordonné le service de l'audience* (27) *du tribunal près lequel il est attaché, par des écarts tout-à-fait inconvenans, à raison desquels il aurait dû recevoir de sévères admonitions.*

« Vu les articles 5o, 54 et 55 de la loi du vingt avril mil huit cent dix.

« La Cour ordonne que le sieur Lombardon, juge-auditeur attaché au tribunal de première instance de Marseille, sera suspendu de ses fonctions pendant un mois, *à compter du jour où le présent arrêt aura été approuvé par monseigneur le garde-des-sceaux.*

(28) « *Signé* C. DE SEZE *et* ROUX ALPHERAN, *greffier en chef.* »

« Pour extrait conforme, délivré au requis de M. le procureur général du roi.

« *Signé* ROUX ALPHERAN, *«greffier en chef, à l'extrait scellé.»*

L'an mil huit cent vingt-huit et le seize du mois de juillet, à la requête de M. le procureur général près la Cour royale, séant à Aix, département des Bouches-du-Rhône, nous soussigné, Damien Morel, huissier audiencier, patenté sous le n° 286, immatriculé et exerçant près le tribunal de première instance de Marseille, domicilié et demeurant en cette dite ville, rue Montée-des-Accoules, n° 15, avons exhibé en original, intimé et signifié à M. Alexandre-Adolphe Lombardon, juge auditeur attaché au tribunal de première instance de Marseille, demeurant en cette dite ville, rue des Convalescens, l'arrêt ci-dessus en copie et tout son contenu, rendu le vingt-trois juin dernier, par la Cour royale d'Aix, les chambres réunies, qui ordonne que mondit sieur Lombardon sera suspendu de ses fonctions pendant un mois, à compter du jour où ledit arrêt aura été approuvé *par monseigneur le* (29) *garde-des-sceaux*. Aux fins qu'il n'en ignore, et avons à mondit sieur Alexandre-Adolphe Lombardon laissé cette copie du susdit arrêt et du présent exploit, en son domicile, parlant à la personne de M. Lombardon, son père. (3o) MOREL.

N. B. J'avais prié M° Tavernier, mon ami, avocat et professeur à la Faculté de droit d'Aix, de présenter quelque moyen de défense en mon nom, puisque je ne pouvais pas comparaître.

Son ministère a été refusé.

Mais il n'aurait pas eu une tâche bien difficile à remplir si on lui eût laissé exécuter son mandat.

Il n'y avait qu'à repousser M. le procureur général par des fins de non-recevoir qui étaient toutes imparables.

1° En supposant que j'aie fait volontairement défaut, personne ne pouvait m'en empêcher. D'ailleurs est-ce un crime que de croire qu'aux termes de l'article 186 du Code d'instruction criminelle la Cour devait me *juger* par défaut, et non me condamner sans examen, qu'il n'y aurait eu là qu'un excès de confiance dans mes juges?

2° La citation ne spécifiant absolument aucun fait on ne pouvait me condamner sur rien : *ex nihilo nihil.*

3° L'article 55 de la loi du 20 avril 1810 dit : que M. le procureur général *doit donner ses conclusions par écrit.* Rien par conséquent que ce qui est précisé *par écrit* ne peut baser une condamnation ni même autoriser une poursuite.

4° L'article 150 du Code de procédure porte : qu'il faut que les conclusions de la partie qui requiert un défaut soient *justes et bien vérifiées* pour que le défaut soit prononcé.

5° L'article 182 du Code d'instruction criminelle dit : qu'il faut que *dans tous les cas le procureur du roi cite directement le prévenu sur un fait*, pour que le tribunal compétent puisse en connaître. Sur quel fait avais-je été cité? Et à supposer qu'il y ait eu des faits spécifiés dans le réquisitoire signé Dufaur qui seul m'a été signifié? pourquoi a-t-on admis le réquisitoire signé La Boulie qui indique, sans cependant les spécifier davantage, d'autres faits sur lesquels on était bien aise que je ne pusse préparer ma défense ?

Si un avoué au civil ou un défenseur de partie civile au correctionnel s'était permis une pareille surprise, il aurait reçu de sévères admonitions et les aurait méritées, et il est peut-être sans exemple que de pareilles conclusions aient jamais été entérinées.

Vainement dirait-on que la loi du 20 avril 1810 étant une loi d'exception régulatrice de la matière, on ne peut invoquer le droit commun. Dans tous les cas où l'exception est précisée dans la loi qui sert de règle à cette excepsion même, il est évident qu'on ne doit pas suivre le droit commun ; mais toutes les fois que l'exception n'est pas précisée, il semble qu'alors la règle doit commander, mais jamais l'arbitraire ; et d'ailleurs s'il était permis de s'affranchir de quelques principes, il semble que ce devrait être pour mettre encore plus d'égards à des mesures qu'on n'en emploie ordinairement, surtout lorsqu'il s'agit de poursuivre un collègue ; mais ce n'est pas par cet excès que l'on a péché.

J'étais absent et sans défenseur, c'est même sur des faits pour lesquels je n'avais point été cité que j'ai été condamné. Je ne sais quelle règle on a suivie, je cherche vainement le droit exceptionnel, le droit commun dans l'arrêt prononcé contre moi.

La seule chose qui soit bien claire c'est que j'ai été condamné à un mois de suspension, et le seul fait qui soit précisé et bien légalement constaté dans l'arrêt, c'est que j'ai parlé à un gendarme, que, d'après la disposition de l'article 328 du Code pénal, j'étais autorisé de frapper, blesser et même tuer au besoin dans ce moment.

Si sa grandeur voulait connaitre les notes qui correspondent aux chiffres apposés sur l'arrêt pour avoir une explication minutieuse sur tout, elle la trouverait avec les pièces justificatives qui se trouvent scellées dans un second pli.

————

Il n'est pas dit un seul mot dans l'arrêt signifié à mon domicile ni du sabre tiré par le gendarme les personnes qui avaient été menacées : pourquo.   te circonstance bien avérée, puisqu'il en est parlé dans la citation, n'a-t-elle pas été produite en ma faveur au moins comme circonstance atténuante? On aurait dû, ce me semble, en faire mention, et je vois avec peine qu'on n'en a point parlé.

Erreur continuelle de droit, ignorance absolue de faits, voilà l'effet qu'a produit la décision de la Cour d'Aix sur les personnes qui connaissent mon affaire.

Mais comme sa grandeur semble me demander impérieusement une justification complète, voici le moyen que j'ai pris :

J'ai envoyé à la chancellerie un second pli sur lequel étaient écrits ces mots :

Pièces JUSTIFICATIVES *et explications* précises et DÉTAILLÉES.

M. le procureur général a reçu un exemplaire de mon Projet de défense; *j'ai même prié plusieurs personnes de lui dire de se tenir sur ses gardes.*

Derrière il y avait l'avertissement suivant :

On est prié de ne rompre le sceau qu'après avoir lu la lettre d'envoi qui, jointe au Projet de défense *qui l'accompagne, contient une explication suffisante.*

Si malgré ces documens sa grandeur n'était point suffisamment éclairée pour mettre son improbation au bas de l'arrêt soumis à son examen, qu'elle ouvre ce second pli mais seulement après avoir bien relu ce que je dis dans mon Projet de défense, *pages 3 et 52; je la supplie d'avoir l'extrême bonté de me renvoyer le présent pli si elle ne veut point en faire usage.*

Voilà plusieurs jours que ce pli est resté à la chancellerie, il est donc incontestable qu'il a été décacheté;

je ne livrerai à l'impression que quelques notes sur l'arrêt pour faire connaître certains détails. Mais quant aux pièces justificatives, elles ne seront connues du public que *si je m'y trouve forcé* : il a fallu être obligé de s'expliquer pour donner connaissance de tout au ministre ; je ne puis me défendre sur certains points qu'en employant des récriminations qui contiennent la preuve contraire de ce que prétend M. le procureur général.

Il est des pièces justificatives qui ont été imprimées par d'autres que par moi : destinées au public, je pourrais bien les rendre publiques, mais il y aurait plus de scandale, c'est ce que je ne veux pas : je ne désignerai donc tout ce qui a rapport à certains faits avérés depuis long-temps à Marseille, que de manière à ce qu'ils soient reconnus des personnes qui les connaissent déjà : ceux-là seuls qui peuvent être appelés à prononcer seront instruits de tout par qui de droit : mon devoir est de me défendre. A Dieu ne plaise que j'abuse jamais de ce droit sacré pour mettre les passions en mouvement : *il faut qu'elles se taisent lorsque la justice instruit*. Ce n'est qu'à la dernière extrémité que j'ai usé du droit de faire imprimer quelques-uns de mes moyens de défense.

NOTES

SUR LA DÉCISION DE LA COUR ROYALE D'AIX.

(1) Personne ce jour-là n'était ni absent ni malade.

(2) Pourquoi n'a-t-on pas transcrit ce réquisitoire? L'arrêt de la Cour dit qu'il résulte des *faits* qui y sont opposés qu'à diverses époques j'ai troublé et désordonné le service des audiences.

Si on avait changé quelque chose dans l'original de la citation qui n'a été signifiée que deux jours après mon départ, je le saurai plus tard et le ferai connaître.

(3) Il est malheureux que ce fait qui est bien précisé ne soit pas exact: non ce n'est pas par l'huissier que j'ai su que je devais être assigné; M. le procureur du roi sait qui m'a donné connaissance de la plainte de M. le procureur général; je pourrais dire que je ne connaissais rien avant mon départ, mais je n'ai jamais su mentir; on verra si en allant toujours droit, malgré toutes les entraves qu'on me met, je n'arriverai pas aussi tôt à mon but que ceux qui vont si vite et emploient tant de détours.

(4) Voyez le *Projet de défense*, pages 6 et 53.

(5) Voyez le *Projet de défense*, pages 24 et 25.

(6) Quel est ce système *faux?* cette expression ne prouve rien; je me permettrai même de dire qu'elle n'est pas des plus polies. Mais il est clair que si M. le procureur général a toujours raisonné juste, ce que je puis avoir dit doit nécessairement lui paraître faux. Voy. *Projet de défense*, pag. 21 et 22.

(7) La publicité, principe vital de notre gouvernement, on ne la craint point lorsque la conscience ne reproche rien, et pourquoi parler des deux lettres sans préciser au moins comme dans les procès de tendance les passages incriminés?

(8) *Antérieurs et postérieurs.* La Cour n'a décidé que sur les faits *antérieurs* sans les désigner, et le mot *postérieur* ne se trouve seulement pas dans l'arrêt.

(9) Je cherche encore où ces faits sont *déduits*: s'ils l'étaient dans

le réquisitoire pourquoi dit-on *seront* et non pas *ont été* puisque le réquisitoire précède et que l'arrêt de la Cour déclare qu'ils y *ont été opposés :* je défie le plus habile de découvrir où ces faits sont *déduits* ou *opposés.*

(10) *Espèce* d'habitude, comme la *sorte* de compte rendu au public dans le journal, et la *sorte* de manière dont j'ai soutenu la résistance : cela peut être clair pour les personnes qui l'ont écrit ; mais en faisant une collection de certaines *espèces* de phrases de ce procès, on pourrait avoir un modèle de procès de tendance enrichi de toutes les beautés du genre.

(11) Il est clair que ma *suspension* et surtout ma destitution si on pouvait l'obtenir seraient *nécessaires* pour que MM. tel, tel et tel ne soient plus troublés de la *sorte* dans l'*espèce* de manière dont ils remplissent leurs devoirs.

(12) Voilà que M. de la Boulie ne me désigne plus comme un magistrat qu'on qualifie toujours de *monsieur* devant les tribunaux, il me destitue de sa propre autorité et dès cet instant ce ne sera plus qu'au *sieur* Lombardon qu'on aura affaire.

(13) Le style de ce réquisitoire signé La Boulie ressemble beaucoup à celui qui était signé Dufaur : celui que je présume être l'auteur de l'un et de l'autre avait peut-être donné des ordres à son premier avocat général pour qu'il eût à le signer.

J'ai été fâché d'avoir à combattre un homme de talent qui avait mis son nom au bas d'un pareil réquisitoire. Mais, faut-il que les gens du roi qui parlent au nom de Charles X, *qui entend régner par la justice*, obéissent aveuglément à tout ce que leur ordonne un supérieur quelquefois injuste ? N'exige-t-on pas des avocats le serment de ne défendre que les causes qu'ils croiront bonnes en leur âme et conscience ? Pourquoi donc des avocats du roi prêteraient-ils dans le sanctuaire de la justice leur auguste ministère à servir jusqu'aux passions des hommes qui ne sont point faits pour commander, qui désobéissent constamment aux volontés du prince, et qui ont l'audace d'attribuer au roi lui-même leurs exactions lorsqu'ils violent leurs sermens ?

(14) Il est à remarquer que la Cour et le parquet étaient au grand complet le jour de la prononciation de ce premier arrêt : vingt-sept magistrats avaient donné leur voix et la majorité m'avait été favorable.

Il m'a été dit qu'un conseiller dont je desire toujours ignorer le nom voulait absolument qu'on me condamnât sans que la citation ait pu me parvenir légalement, et proposa des mesures si sévères que M. le premier président lui dit : « Monsieur, il s'agit tout au plus « d'admonéter ce jeune magistrat, et de lui donner une leçon, il « s'est écarté de ses devoirs, et non de le perdre. »

Si ce conseiller avait lu l'article 184 du Code d'instruction criminelle, il aurait vu que les procès ne doivent pas se gagner à la course.

(15) Parmi les conseillers absens et dont la maladie a dû être bien *légalement affirmée par des médecins d'Aix*, j'ai à regretter surtout de ne pas avoir eu pour juge l'un d'eux, qui, mandé par-devant la même Cour, pour avoir eu un mouvement de vivacité envers un magistrat, n'en a pas moins été jugé excusable. On sait que la robe qui le décore n'est déconsidérée ni par son caractère ni par ses qualités, et qu'un autre qui a été obligé de quitter la carrière du ministère public (dont il était un des plus beaux ornemens), pour avoir signalé à M. le procureur général les abus qu'il y avait dans le tribunal de Marseille, n'a pas été présent; il est clair qu'avec les trois autres conseillers malades et les deux que je viens de désigner, la Cour étant composée de la même manière que le 23 mai où j'avais obtenu une décision favorable, on n'aurait pu prononcer un pareil arrêt, lorsque des raisons bien plus impérieuses demandaient qu'un nouveau délai me fût accordé le 23 juin.

(16) Le successeur de l'ancien avocat général dont je viens de parler n'a point siégé cette fois à côté du collègue qui, ayant déjà porté la parole dans cette *déplorable* affaire, devait la porter encore au nom des gens du roi.

(17) M. Dufaur change jusqu'à la manière dont il me qualifiait naguère depuis que M. le procureur général a parlé; je ne serai plus appelé *monsieur* pendant tout le procès; on est obligé d'imiter jusqu'à une pareille minutie.

(18) *Sur quoi?* Sur le certificat on requiert qu'il soit passé outre. On n'aurait donc point passé outre, si je n'avais point produit de certificat : est-ce parce qu'il a été signé par un *médecin de Paris*? Étant malade à Paris je ne pouvais pas me procurer un certificat signé par un médecin d'Aix.

M. le procureur général devrait avoir un peu plus d'indulgence pour la capitale, et si dans son premier réquisitoire, il trouve mauvais que j'aie cité la conduite de la Cour royale de Paris, dont il connaît les arrêts, et ferait bien d'imiter les exemples, il pourrait sans se compromettre avoir quelque confiance en la faculté de médecine de Paris, dont il ne connaît pas les ordonnances et qui peut bien se passer de son approbation.

(19) Ce certificat signé par le docteur Fizeau, professeur à la faculté de médecine de Paris, a été affirmé à la mairie du 11ᵉ arrondissement par un adjoint et légalisé par un magistrat du tribunal civil de la Seine, qui a signé avec le greffier. Le sceau du tribunal était apposé ainsi que celui de la mairie, le tout dressé sur papier timbré. J'aurais désiré que l'on m'eût signalé ce qui lui manque, et si j'ai quelques instans à passer à Aix, je consulterai les certificats des conseillers absens comme moi pour cause de maladie, pour m'instruire et répondre aux jurisconsultes de Paris, qui ne sont jamais de l'avis de nos magistrats d'Aix.

(20) *Très légère.* M. Fizeau dit dans ce certificat que je suis menacé d'une inflammation de poitrine à cause du travail forcé que j'ai fait; que si je me mettais en route si tôt, il y aurait danger pour ma vie et que j'ai besoin de beaucoup de repos pour que cette indisposition *très légère* n'ait pas des suites *très fâcheuses.* Bien des personnes respectables dont une est attachée à la chancellerie et occupe un des premiers emplois pourraient attester que M. le docteur Fizeau est incapable d'en imposer. Que mes adversaires apprennent qu'on peut autant se fier à M. Fizeau qu'à moi-même lorsque j'affirme quelque chose.

(21) *Des jugemens.* Pourquoi ce pluriel lorsqu'il n'y en a qu'un ? Est-ce pour présenter les choses sous un jour favorable? D'ailleurs l'art. 106 du Code d'instruction criminelle dit que la minute du jugement doit être signée au plus tard dans les vingt-quatre heures par les juges qui l'auront rendu. Le greffier s'était-il présenté chez moi dans ce délai?

(22) On peut résumer ainsi l'ensemble de ce raisonnement, attendu que M. Lombardon était malade à Paris, le 14 du courant. Il ne doit pas être malade et devrait être ici, parce qu'il est absent sans congé. Il faut qu'il prouve que son absence est légale, et que les jugemens correctionnels auxquels il a concouru ont été signés.

Non, *je n'ai pas oublié* qu'un jugement que j'aurais dû signer ne l'a pas été: on me la rappelé de manière à ce que je ne l'*oublie* jamais.

(23) Voyez la note écrite au bas de l'arrêt.

(24) D'après ce raisonnement, toute autorité civile ou judiciaire qui adresse des reproches à des gendarmes bien ou mal à-propos et donne des ordres contre ceux qui manquent à leur devoir, soutient la résistance du peuple et compromet l'ordre public, même lorsque le désordre cesse au moment de son intervention. Ce sera bientôt à nous à recevoir des ordres des gendarmes.

Il est à remarquer que l'article 328 du Code pénal permettait de tuer le gendarme dans un moment où la vie des autres pouvait être en danger. Celui qui aurait pu payer sa faute de la vie est-il traité avec trop de sévérité lorsqu'il ne reçoit qu'une simple remontrance et qu'il n'a été que menacé d'une peine de discipline ?

(25) Je n'ai jamais dit qu'il devait opposer son inertie, mais bien au contraire repousser avec les mains la force par la force et non la résistance par les coups; d'ailleurs ce n'est pas avec un sabre qu'on peut faire de la force, et c'étaient des femmes, et seulement des femmes qui entouraient ces trois hommes armés. L'attroupement d'hommes qui s'est formé tout de suite n'a été causé qu'à la vue du sabre nu; j'ai lutté avec les autres contre un gendarme écumant de rage, qui n'aurait pas survécu à l'imprudence d'avoir tiré son arme si même, sans préméditation ou de toute autre manière que ce puisse être, il avait eu le malheur de blesser quelqu'un.

Le désordre était à son comble lorsque j'ai intervenu : l'ordre a été rétabli par tous les hommes présens qui ont fait ce que j'ai fait : qu'on ne vienne donc pas m'accuser seul d'avoir essentiellement compromis l'ordre public. Qu'on lise l'article 475 du Code pénal et mon *projet de défense*, pages 19 et 20.

(26) Remarquez que les deux lettres indistinctement se trouvent incriminées; j'avoue dans mon projet de défense que le ton de l'une d'elles est répréhensible. Des personnages du plus grand mérite et du premier rang m'ont donné les éloges les plus flatteurs sur la première, qui est celle qui a fait le plus de peur, parce que j'ai dit que je ferais connaître la vérité; quant à la seconde, je puis m'être rencontré une fois avec l'avis de la Cour; mais j'aurais desiré qu'elle eût spécifié les passages qui ont été incriminés. Voyez mon *projet de défense*, pages 35, 36, 37, 38, 39, 40, 41, 42, 43 et 53.

(27) L'arrêt ne dit rien des faits postérieurs au 24 mars que le deuxième réquisitoire annonce devoir être déduits et qui le sont

autant que les autres faits qui ne sont pas même indiqués. Aurait-on voulu me reprocher le manque de respect que le gendarme Dufresnoi se permit à mon égard dans l'antichambre de M. le juge d'instruction ? Voudrait-on essayer de m'imputer les fautes d'un gendarme pour tâcher de me faire porter celles que soi-même on a commises ? Ce moyen aurait-il réussi ? *Ab uno disce omnes.*

Il est vrai que l'ordre a été troublé plusieurs fois en ma présence pendant les audiences du tribunal. Mais par qui ? J'ai exposé les faits à sa grandeur, et je ne crois pas devoir mettre le public dans la confidence, puisqu'il s'agit de récriminations, et que d'autres que moi peuvent être compromis; mais les personnes qui ont été présentes le jour où j'ai protesté contre un jugement et où j'ai été apostrophé par un officier du ministère public savent par qui le scandale a été causé; celles qui étaient à l'audience le jour où l'avocat Valence fut poursuivi savent aussi ce qui se passa dans cette affaire, ainsi que dans celle de l'avocat Monfray, qui a tant affligé et avec tant de raison un de nos premiers magistrats.

J'ai transmis à la chancellerie un exemplaire du mémoire imprimé que l'avocat Valence, solidaire de son malheureux client et même des fautes de ses adversaires, a écrit. J'ai transmis aussi à sa grandeur le numéro de la *Gazette des Tribunaux* qui parle de l'affaire de l'avocat Monfray. Le tout est accompagné de notes et d'une explication très détaillée. J'en ai assez dit pour que le barreau de Marseille sache ce que cette affaire si peu importante à son origine peut devenir aujourd'hui.

Mais je me permettrai d'adresser aux jurisconsultes la question suivante :

Comment faut-il faire pour empêcher qu'un président, malgré la résistance de ses collègues, prononce un jugement à lui seul? Faut-il laisser violer la loi? Non, sans doute.

Mais comment s'y prendre? Une protestation écrite au bas d'un jugement a été regardée comme irrégulière par la Cour royale d'Aix. Une protestation de vive voix est traitée de farce. Une autre fois un juge se lève lorsque le président, malgré son collègue et lui, voulait prononcer le jugement dans son sens et contre l'avis des deux autres juges, et voilà qu'on accuse le juge qui s'est levé d'avoir troublé le service des audiences.

Rien n'est spécifié dans l'arrêt, mais je suis sûr que ce sont des

7

faits de cette nature qui sont *apposés* dans je ne sais quel *réquisi-toire* qu'on ne veut pas me faire parvenir. J'ai donc envoyé des détails très précisés dans le pli mystérieux qui a été transmis à sa grandeur. J'ai donné des explications sur des faits qu'on n'avait pas même indiqués ni dans la plainte ni dans l'arrêt. Si j'ai été suspendu pour d'autres, je suis persuadé qu'on me les rappellera, mais ils ne doivent pas être d'une bien grande importance, puisque je les ai totalement oubliés.

(28) On est étonné de voir le nom de de Sèze apposé au bas d'un arrêt qui semble calqué sur le réquisitoire de M. le procureur général; mais la loi obligeait M. le premier président de signer. On sait que ce magistrat, qui est bien digne d'être frère du comte Raymond de Sèze, défenseur du roi, n'est point sujet à ajouter foi aux simples paroles d'un réquisitoire, quand il s'agit de rendre la justice; mais il ne connaît pas toutes les personnes qui savent lui tendre tant de pièges qu'il est impossible qu'il puisse les éviter tous.

Les intrigans savent toujours se réunir pour jouer un homme de bien qui est leur ennemi commun, et se jouer ensuite entre eux quand il s'agit de s'emparer d'une place.

Par des moyens astucieux dont il est aisé de se douter, certaines personnes ont pu persuader à plusieurs membres de la Cour qui ne se tiennent pas assez sur leurs gardes et sur quelques points à M. le premier président lui-même, ce que les MM. de La Boulie avaient réussi à persuader à sa grandeur lorsqu'ils étaient à Paris. C'est le jour de leur arrivée à Aix que la citation est parvenue à Marseille. M. le procureur général voulait à ce qui paraît conduire lui-même cette affaire.

Si une insigne iniquité a été consacrée par cet arrêt, ce sont les meneurs, étant tous dans une petite ville, qui en sont seuls coupables; on les a vus souvent mettre en jeu les petites passions des autres pour les faire tourner à notre profit. Il n'est rien de sacré dont ils n'abusent pour parvenir à leur but qui est de toujours avancer, et lorsque n'importe par quel moyen ils sont arrivés aux premiers emplois, ils savent se vanter des mauvaises causes que leur infernale habileté a su faire triompher.

Je ne connais point ceux qui sciemment ont aidé à la fraude pour la faire pénétrer au sein de la Cour; je desire ne jamais savoir ce qui s'est passé dans la chambre du conseil, et ne me fierai point à ce qu'on pourra me dire, parce que je sais que les chefs de cabale vont jusqu'à faire courir de faux bruits sans crainte de compromettre les autres, quand ils ont intérêt à se cacher derrière eux.

J'ai connu les haines que ceux mêmes qui ont fait perdre les bons procès ont su susciter chez certains plaideurs contre les juges intègres, composant une minorité honorable dont ils avaient l'impudeur de se parer à leurs yeux après s'être vantés d'une vérité honteuse devant ceux qu'ils servaient pour leur avancement. Sûrs de ne pas être contredits par les honnêtes gens qui respectent le secret des votes, ils restent criminels avec impunité, jusqu'à ce que la Providence se servant comme dans ma cause de leurs propres intrigues pour les démasquer, ils se trouvent pris dans les pièges qu'ils auront voulu tendre aux autres.

Ce que je viens de dire fera que dorénavant l'honorable minorité, se joignant à l'irréprochable partie de la Cour qui a pu être trompée parce qu'elle est composée d'hommes, se tiendra en garde contre ces gens qui, n'étant qu'orgueil, et ne cherchant l'honneur que pour l'argent, font tout pour leur avancement, excepté le bien. Ces hommes seront jugés à leur tour, et par là, on pourra prévenir de nouvelles injustices et empêcher qu'un scandale comme celui qui vient de s'opérer ne se renouvelle jamais.

(29) Il est des personnes à Aix qui ont été jusqu'à dire que la Cour avait reçu des ordres du ministre pour me condamner. Je suis condamné par la Cour, et si sa grandeur, comme l'article 56 de la loi du 20 avril 1810 lui en laisse la faculté, refusait de mettre son approbation ?

Le grand-juge lorsqu'il prononce ne connaît ni pays, ni parens, ni amis ; le glaive inévitable de la loi saura frapper dans quels rangs qu'ils se trouvent ceux qui, étant les égaux de tous devant elle, ne seront pas de poids dans la balance de la justice.

(30) L'huissier Morel a eu la bonhomie d'écrire que c'était lui qui m'avait communiqué la citation : il est bon d'observer que cet officier ministériel était obligé de copier machinalement, lettre par lettre, ce qui était écrit dans l'arrêt. Serait-il juste de lui faire quelque reproche lorsqu'il a été obligé d'obéir aux chefs qui le commandent ?

RÉSUMÉ DE L'AFFAIRE ET CONCLUSION.

Parmi les personnes qui se prononcent pour ou contre moi, la plupart ne peut juger tout ce qui a rapport à mon affaire. Fort peu savent ce qui en est, et il n'y a même que monseigneur le garde-des-sceaux qui, ayant demandé les explications sur tous les détails, dont on l'a surchargé, puisse prononcer sur le tout.

Un point essentiel c'est que depuis le 24 mars jusqu'aujourd'hui, personne, même parmi mes adversaires, n'a pu dire qu'il doutait de la pureté de mes intentions. Ce n'est plus que sur la forme que l'on peut essayer de me donner tort aujourd'hui, et je pourrais citer quelqu'un qui d'abord s'était prononcé contre moi de la manière la plus sévère, et qui, tout en prétendant encore aujourd'hui qu'il est fâcheux qu'on ne puisse me destituer, m'a dit qu'au fond *j'avais raison sur tous les points*, et raison de telle manière qu'il était impossible que je fusse condamné, si l'on m'avait entendu. Le seul tort que cette personne m'a reproché, c'est d'avoir donné à cette affaire toute *l'importance* qu'elle a aujourd'hui.

Si c'est là toute ma faute, examinons succinctement et sans passion les points les plus essentiels de cette affaire, actuellement si *importante*, et voyons si c'est moi qui l'ai faite ce qu'elle est devenue. Puisqu'on me donne *raison au fond*, je n'en parlerai plus, et me contenterai de jeter un coup-d'œil rapide sur la *forme*.

Il me semble que je n'ai joué jusqu'à présent qu'un rôle passif, puisque je n'ai jamais été que sur la défensive.

Que s'est-il fait?

Un procès-verbal est dressé par des gendarmes: rien malheureusement n'est si commun que de voir ces agens de la force publique, qui ne se croient bons qu'à frapper, mentir à la justice, lorsqu'il s'agit de lui transmettre des renseignemens. Si une pique, ou un faux sentiment d'amour-propre, produisent d'ordinaire de tels effets, ce n'est pas le procès-verbal en lui-même qui est *important*, puisqu'on ne s'arrête habituellement pas à ce qu'il y a de plus ou de moins dans de pareils actes.

La confiance aveugle qu'on a dans cette circonstance accordée à ces gendarmes peut donc seule avoir donné quelque *importance* à ce qu'ils ont déclaré.

Mais on m'a dit de faire un rapport au garde-des-sceaux. Est-ce mon rapport qui a rendu cette affaire *importante?* On ne lui a point donné suite. M. le procureur général, à qui j'en ai transmis une copie, n'a pas même vérifié un seul point de tout son contenu.

Trois jours avant que je me soie douté qu'un procès-verbal existât, il a été fait un rapport au ministre de l'intérieur, un au ministre de la guerre, un enfin au ministre de la justice. Si ces pièces ont donné quelque *importance* à ce procès-verbal qui n'est rien moins qu'un faux en écriture publique, ce n'est pas moi qui les ai écrites; ce n'est pas moi non plus qui les ai divulguées, puisque je n'ai eu et n'aurai probablement jamais connaissance du contenu d'aucune d'elles.

M. le procureur général que je croyais travailler à la recherche de la vérité, pour simplifier apparemment l'affaire, après avoir attendu toutefois que la Cour de Paris ait prononcé son arrêt sur les affaires des 19 et 20 novembre, a jugé à-propos de lancer contre moi un réquisitoire. Si ce réquisitoire, fait dans de telles circonstances, devient une pièce *importante*, est-ce à moi qu'en est la faute?

Je suis parti pour Paris: est-ce mon voyage qui a donné de l'*importance* à cette affaire? Mais il a produit un effet tout contraire, puisque dès qu'on a eu connaissance de mon départ, on a renvoyé à Aix la plainte que j'avais lue le 16 mai, et qui, devant être signifiée à mon domicile le 17, ne l'a été que le 19. Pendant ces deux jours de retard, il a été fait des retranchemens *importans* à cette fameuse pièce. Loin donc de donner de l'*importance* au réquisitoire de M. le procureur général, mon départ pour la capitale n'a par le fait servi qu'à en faire retrancher ce qu'il y avait de plus *important*.

Quatre jours après, la signification faite à mon domicile n'était point valide parce que j'étais absent. Sans avoir même été cité irrégulièrement sur les points les plus délicats qu'on avait retranchés, dans la plainte, n'étant même légalement cité sur rien, M. le procureur général dans la chambre du conseil a habilement resoudé à mon insu devant la Cour la partie de son réquisitoire que peu de jours avant il avait retranchée. Voilà des irrégularités: est-ce moi qui les ai faites?

Si dans cette première audience la Cour a prononcé un renvoi à un mois, pour continuation de l'affaire, c'est malgré M. le procureur général, qui n'a pas même signifié l'arrêt de renvoi à mon domicile, de sorte que, dans le délai que la Cour m'a accordé pour préparer ma défense sur des points *importans*, pendant que je ne me doutais même pas qu'il y eût eu une audience, je n'ai pu me préserver des coups que l'on m'a portés dans l'ombre, et qui ont déterminé postérieurement les mesures sévères qu'on a prises contre moi.

Ce n'a été que par des *on dit* que j'ai su que mon affaire était renvoyée à un mois, et ce n'est qu'après avoir été condamné que je connais les divers arrêts contenus dans l'unique signification faite à mon domicile, qui ne l'a peut-être été que par ordre du ministre. A présent seulement je sais qu'il y a eu une première audience, dans laquelle, pendant que j'étais à peine arrivé à Paris, M. le procureur général n'a pas craint de m'imputer les fautes de son frère, de son fils et même les siennes, et cela devant une Cour où il y a des conseillers qui savent tout, et dans le moment où celui qu'il attaquait avec tant d'acharnement ne travaillait qu'à mettre le plus possible la vérité à son propre avantage, de lui et des siens.

Voilà ce qui a donné réellement de l'*importance* à cette affaire.

L'arrêt a été prononcé un mois après et sur ces motifs.

Est-ce moi qui ai concouru par mon fait à compromettre dans cet arrêt M. le procureur général et les siens? Si, pour justifier toute ma conduite à diverses époques, et condamner la leur, la décision que la Cour a prononcée contre moi devient elle-même la pièce justificative la plus avantageuse pour ma défense, pourra-t-on dire que je me sois entendu avec ceux qui l'ont rendue?

D'après l'art. 56 de la loi du 20 avril 1810, cet arrêt ne peut recevoir d'exécution qu'après avoir été approuvé par le grand-juge.

Je ne pense pas que ce soit sur les articles envoyés

aux journaux ou sur les mots de la défense imprimée, que je n'ai distribuée qu'à quelques personnes, ou enfin sur les lettres que j'ai adressées à la chancellerie, que je doive être jugé aujourd'hui. Il s'agit de prononcer sur le procès, d'apprécier des faits et non des phrases, et la preuve que la décision de sa grandeur ne reposera pas sur de pareilles bases, c'est qu'après avoir pris connaissance de toutes ces pièces, l'arrêt n'a point reçu d'approbation, et que monseigneur le garde-des-sceaux m'a demandé de nouveaux éclaircissemens, en me disant *qu'il pouvait refuser de la donner.*

Voilà près de trois semaines que le ministre a reçu des explications détaillées sur tout ce qui a un rapport direct avec mon procès. Si ces renseignemens rendent l'affaire plus *importante*, ce n'est point ma faute: on sait que je ne les ai donnés que parce qu'on me les a demandés et, pour ainsi dire, malgré moi.

Si, comme on le prétend, j'avais réellement voulu donner de l'*importance* à cette affaire, je n'aurais eu qu'à laisser agir les honorables avocats qui ont voulu embrasser ma défense; je n'aurais eu qu'à faire tout imprimer dès l'origine, et si j'avais voulu employer les derniers moyens contre le ministre, après avoir donné tous les renseignemens au public, j'aurais fait parler ou laissé parler les journaux, soit à l'époque de la loi sur la presse, soit à cette époque où il a été question des juges auditeurs. Mais à Dieu ne plaise que j'abuse jamais de l'avantage de ma position.

Ou M. le procureur général a tort ou moi. Sa grandeur veut juger et ses intentions paraissent si pures. Si le grand-juge avait écouté le langage des passions, rien n'eût été simple comme de mettre son approbation au bas de l'arrêt le jour même qu'il l'aurait reçu. Mais monseigneur la garde-des-sceaux sait mieux que moi qu'il s'agit d'accomplir un acte de justice. S'il ne fallait que détruire promptement l'*importance* de cette affaire, un mot aurait suffi, et tout le poids retombant sur un simple juge auditeur, toute l'*importance* relative au rang des personnes compromises n'existerait plus.

Mais une *bonne* approbation mise au bas d'un *mauvais* arrêt le rendrait-il meilleur? Voilà la difficulté.

De cent mauvaises raisons le ministre n'en pourrait jamais faire une bonne, et Dieu lui-même avec sa toute-puissance ne saurait jamais avec tous les mensonges faire une seule vérité.

Il s'agit d'apprécier les faits et non d'examiner les personnes.

> *Tous les Français sont égaux devant la loi.*
> *Charte constit. art.* 1.

Faut-il que par cela seul que je ne suis qu'un simple juge auditeur et que j'ai contre moi des magistrats du premier rang, je renonce à toute justice, pour éviter que l'affaire ne prenne un caractère plus imposant? mais il faudrait pour cela ne point avoir la conscience de ma dignité.

Au reste si j'ai fait quelques fautes en la *forme*, les *formes* ont-elles été observées soit dans les réquisitoires de M. le procureur général, soit dans l'arrêt qui leur a fait droit? Si des magistrats d'un ordre supérieur, quoique pouvant s'entr'aider de leurs lumières, laissent échapper des fautes, et des fautes assez graves en la *forme*, pour appuyer une décision qui se trouve injuste au fond, serait-il raisonnable d'user de rigueur envers

un jeune juge auditeur qui, livré à lui-même, sans expérience et sans conseils, se trouverait en défaut sur
quelques points de peu d'importance dans une défense
si délicate et après une attaque si violente?

Si donc sa grandeur me demande une explication, ou
je m'abuse étrangement, ou ce doit être pour savoir
si les personnes chez lesquelles elle a placé sa confiance
méritent de la conserver.

Un ministre est un homme et par conséquent faillible
tout comme un autre, et par cela même qu'il est ministre,
il est exposé plus que tout autre à être trompé.

Supposons que, pour me tirer d'affaire, je me conduise
comme me le conseillent certaines personnes. Que j'aie
l'air de convenir que j'ai tort. La difficulté ne serait que
changée de place et serait toujours la même. Comment
en effet prouver que j'ai tort envers des hommes fort
habiles du reste, qui ne peuvent pas dire comment ils
ont raison? Comment pouvoir mentir d'une manière
assez adroite pour prouver que M. le procureur général
a raison et moi aussi?

Et d'ailleurs, dire à monseigneur le garde-de-sceaux,
lorsqu'il m'ordonne de m'expliquer, que pour lui plaire
je conviens que la plainte de M. le procureur général est
fondée, parce qu'il est son parent, son compatriote et
son ami, ne serait-ce pas lui faire une injure sanglante?
Que penserait-on du ministre de la justice, si, pouvant
refuser de la donner, il mettait son improbation au bas
de l'arrêt qui fait droit à cette même plainte après une
pareille déclaration?

On dirait que le grand-juge, agissant seulement par
passion, pour continuer de faire le contraire de ce que
je dis, n'a désapprouvé la décision de la Cour que par
la raison que je l'aurais approuvée moi-même.

Au reste toutes les suppositions sont inutiles, car s'il
ne s'agissait que de faire un seul mensonge pour obtenir
un plein succès et même les plus honorables récompenses, je ne me le permettrais certainement jamais. J'ai-
merais mieux, et pour sa grandeur, et pour les autres,
et pour moi, que mon arrêt fût approuvé mille fois, que
s'il recevait par de pareils moyens l'improbation la plus
explicite. Ce qu'il y a de plus important dans ce moment,
c'est de prouver aux justiciables que ceux qui les jugent
ont le sens commun et que le grand-juge n'est point dé-
pourvu de jugement.

Quant à moi, je ne saurais jamais me repentir d'avoir
fait ce qui a dépendu de moi pour bien faire, et je croirai
toujours jusqu'à preuve contraire que s'il est démontré
que j'ai toujours agi avec des intentions pures et que j'ai
fait ce que j'ai pu, le ministre ne manquera jamais de
faire ce qu'il doit.

Il faut donc conclure de toute cette affaire que, si on
est réellement fâché de l'*importance* qu'elle a acquise, on
doit travailler à défaire tout ce qu'il y a d'*important*.

Mais est-ce à moi d'agir, moi qui ne puis rien, et qui
ne suis pas même encore instruit de tout, ou à ceux qui
peuvent se procurer tous les renseignemens, et qui ont
tout le pouvoir? Le ministre a déclaré qu'il prononce-
rait; c'est donc lui qui doit trancher la difficulté: quand
il pourra la bien connaître, je ne continuerai en conséquence qu'à jouer un rôle passif.

Mais quels sont les moyens à prendre pour bien connaître cette affaire. Je crois qu'il n'y a rien de si aisé.
Il faut remonter de fait en fait, en prenant les choses
telles qu'elles sont aujourd'hui, jusqu'au point par lequel

on aurait dû commencer dès l'origine, c'est-à-dire par les gendarmes chez qui un exemple est si nécessaire : ils sont la cause de tout ce désordre et sont probablement les seuls tranquilles. Ils savent peut-être qu'on m'a dit dès l'origine qu'ils ne seraient jamais poursuivis ; ils ont vu marcher successivement après eux depuis leurs chefs jusqu'à une Cour souveraine. Qu'est-ce qui pourrait les inquiéter si l'on vient de décider que la force n'est point faite pour obéir ?

La justice n'a pu être prompte ; il faut donc qu'aujourd'hui elle soit forte et sévère puisque le moment d'agir est venu. Je suis persuadé que l'on travaille à la découverte de la vérité : s'il y avait la moindre mauvaise volonté de la part de qui que ce puisse être, si je me voyais forcé de jouer un rôle actif, je trouverais bien le moyen de me faire entendre sans qu'aucune intrigue ne puisse m'en empêcher.

Mais il n'en sera certainement point ainsi. La magistrature n'est point faite pour se laisser imposer le rôle honteux que certaines personnes voudraient lui faire jouer. Que je sois condamné personnellement pour la *forme*, peu m'importe : je serai toujours content si l'honneur de notre toge n'est point compromis. Mais si mes adversaires, après avoir eux-mêmes violé la loi de toutes les manières, venaient à obtenir, sous prétexte des *formes*, l'approbation d'une décision injuste au fond, *illaqueatio malitiosa prætextu legis*, comme dit le fameux chancelier anglais, ce serait désespérant pour tous les magistrats qui n'ont pas craint de se faire des ennemis puissans pour avoir fidèlement accompli tous leurs devoirs.

Pour ce qui me regarde personnellement je suis si au-dessus de tout ce qu'on pourra faire contre moi que je

n'ai point le projet, quoi qu'il arrive, d'en appeler à la
cour régulatrice.

Mais, pour ce qui regarde la magistrature, dans tous
les cas, si le grand-juge approuvait l'arrêt qu'a obtenu
M. le procureur général de la Cour royale d'Aix, pour
bien faire connaître sur quoi sa grandeur aura prononcé, je me croirai obligé de faire imprimer tous les
renseignemens que je lui ai transmis. Ou verra dans ce
second mémoire, qui sera certainement bien plus *important* que ce qu'on a sous les yeux, tout ce qui s'est dit
et fait, et après avoir fait connaître ce que je n'ai pu
me dispenser de dire au ministre, j'y joindrai au besoin
ce que je pense et que je n'ai point dit, tout enfin ce que
j'aurais pu dire.

Paris, 1er septembre 1828.

MONSEIGNEUR,

J'ai été plusieurs fois sur le point de me présenter à la chancellerie les jours de réception, pour prier votre grandeur d'agréer mes
respectueux hommages; mais les demandes que je lui avais adressées
pour obtenir une audience particulière étant probablement restées
sans réponse parce que mon absence était irrégulière, je n'ai osé me
permettre une pareille démarche de crainte qu'elle ne fût jugée in-
convenante.

Aujourd'hui, ma présence à Paris doit avoir été reconnue indispensable: le serait-elle encore pendant les vacances, pour transmettre
à votre grandeur les éclaircissemens qu'elle pourrait encore juger
nécessaires? Voilà ce que je désirerais savoir.

Depuis près d'un mois, j'ai transmis à votre grandeur les renseignemens qu'elle a eu l'extrême bonté de me demander; je ne
sais encore rien de nouveau, et je désire toujours retourner en Provence où je suis attendu depuis si long-temps. Serait-ce abuser,
Monseigneur, de vos précieux momens, que de demander la permission de vous présenter mes devoirs avant de partir?

Si après avoir soigneusement examiné la question, bien qu'elle m'ait fait l'honneur de m'écrire qu'elle pouvait refuser de donner son approbation, votre grandeur venait à penser que la loi lui fait un devoir de la mettre, faudrait-il que les conséquences fâcheuses d'une décision qui ne devrait s'appesantir que sur moi retombent sur la magistrature tout entière? Faudrait-il, si l'opposition à l'arrêt prononcé n'était point admise, lorsque les droits de la magistrature ont été compromis, et ses prérogatives méconnues, faudrait-il, dis-je, qu'une pareille décision ne fût point infirmée par la seule raison que le grand-juge n'a pas pu ne point mettre son approbation ?

J'ai appris avec la plus grande satisfaction que, dans un siècle où l'art de flatter est poussé bien plus loin que celui de médire, le langage de vérité auquel je suis habitué n'a point paru sauvage dans un ministère ; et j'ai été on ne peut plus sensible aux marques d'intérêt et d'estime dont on m'a assuré que votre grandeur a daigné m'honorer.

Mais je me suis engagé à faire connaître l'arrêt prononcé dans mon affaire dès qu'il serait à ma connaissance ; voilà plus d'un mois qu'il m'est parvenu, et il y a cinq mois que je me suis engagé à employer toutes les mesures légales pour faire connaître la vérité. Le moment ne serait-il point venu encore ?

Quoi qu'il en soit, si l'arrêt tel qu'il a été signifié à mon domicile, des réflexions et quelques renseignemens ont été livrés à l'impression, ce n'est que pour les distribuer aux personnes que mon affaire peut regarder, et à celles qui s'intéressent à moi. Ce sera toujours à votre grandeur que j'en adresserai le premier exemplaire.

Si toutefois, pressé par le temps ou par les circonstances, mon procès se trouvait publié et annoncé dans les journaux, je suis bien persuadé que quand même votre grandeur n'aurait point encore prononcé, rien ne serait changé dans la décision qu'elle doit prendre puisqu'il ne s'agit que des anciens faits sur lesquels la Cour a statué, et que la crainte, la prévention ou l'emportement n'influent que sur la décision des hommes qui se passionnent.

Je suis avec le plus profond respect et la considération la plus distinguée,

Monseigneur,

De votre grandeur

Le très humble serviteur.

AD. LOMBARDON,

JUGE AUDITEUR DU TRIBUNAL CIVIL DE MARSEILLE.

Voilà plus de huit jours que cette lettre est restée sans réponse. On voit combien je me suis torturé l'esprit pour tâcher d'expliquer la position embarrassante dans laquelle peut se trouver le ministre. Je ne saurais cependant douter de la pureté de ses intentions, et je suis persuadé que si j'éprouve des retards pour la décision de mon affaire, ce n'est que parce que sa grandeur l'examine avec plus de soin.

Toutefois, il ne sera peut-être point inutile de soumettre au public les réflexions suivantes :

L'article 56 de la loi du 20 avril 1810 porte :

« Dans tous les cas, il sera rendu compte au « grand-juge ministre de la justice, par les pro- « cureurs généraux, de la décision prise par les « Cours royales : quand elles auront prononcé ou « confirmé la censure avec réprimande ou la sus- « pension provisoire, la décision ne sera mise à « exécution qu'après avoir été approuvée par le « grand-juge : néanmoins *en cas de suspension pro-* « *visoire, le juge sera tenu de s'abstenir de ses fonc-* « *tions jusqu'à ce que le grand-juge ait prononcé ;* « sans préjudice du droit que l'article 82 du sé- « natus-consulte du 16 thermidor an x donne au « grand-juge de déférer le juge inculpé à la cour « de Cassation si la gravité des faits l'exige. »

Sa grandeur n'a point encore prononcé ; je présume qu'elle prend des renseignemens, puisqu'elle daigne s'occuper elle-même de cette affaire ; mais en attendant, voilà plus de deux mois que je me trouve suspendu de fait.

Art. 57 de la même loi.

« Le grand-juge ministre de la justice pourra,
« quand il le jugera convenable, mander auprès
« de sa personne les membres des cours et tribu-
« naux à l'effet de s'expliquer sur les faits qui pour-
« raient leur être imputés. »

Mon affaire n'a point été déférée par sa grandeur
à la cour suprême; je n'ai point été mandé devant sa
personne pour m'expliquer, puisque même après
en avoir fait la demande je n'ai pu parvenir jusqu'à elle.

Si monseigneur le garde-des-sceaux ne voulait
que retarder indéfiniment de prononcer, ce serait
un moyen arbitraire de destituer tous les magistrats inamovibles? mais cette conduite serait-elle
bien légale : ne serait-ce pas un déni de justice?

Qui pourrait penser que monseigneur le comte
Portalis eût jamais l'intention d'abuser du pouvoir?
Je compte partir le 14 du courant, pour prendre
sur les lieux les renseignemens que je n'ai pu me
procurer ici, et après avoir formé opposition à
l'arrêt prononcé contre moi, je verrai si je dois
faire entendre à la Cour les explications que l'on
craint tant que je donne au public.

Heureux si par quelque mesure légale et ferme,
ceux qui s'en sont écartés finissent par être rappe-
lés à leur devoir. *Initium sapientiæ timor......*

C'est pour cela que je pars et que je reviendrai
encore à Paris s'il le faut.

Les femmes accusées du crime de rébellion, après avoir été détenues pendant cinq mois, ont été déclarées non coupables par les jurés.

J'ai reçu cette nouvelle trop tard pour pouvoir la faire imprimer avec les autres pièces.

IMPRIMÉ CHEZ PAUL RENOUARD, RUE GARENCIÈRE, N° 5.

www.ingramcontent.com/pod-product-compliance
Lightning Source LLC
Chambersburg PA
CBHW032322210326
41519CB00058B/5276